教育的かかわりの探究

天野 正輝 著

晃 洋 書 房

はじめに

　2017年——戦後の教育改革の原点とも言える日本国憲法が施行され，その理念を実現するための教育基本法が1947年に制定されて70年を経過した．日本国憲法（26条）は国民が教育を受け，学習して人間として発達することは基本的権利であると宣言し，教育基本法は憲法の理念を実現するための教育の目的を明確に打ち出した．
　しかし，これらに示された理念・目的は，今日，どれほどの実現を見ているであろうか．

　すべての子ども・青年は，わからないことがわかるようになりたい，できないことができるようになりたい，能力や学力を高めたいという願いをもっている．教師はそのような願いに応え，一人ひとりを人間として大切にし，学ぶよろこびや生きる希望を育み，人間らしい発達を保障する役割を担っている．そのため，教師には，専門的力量を高めるための不断の学び，自己変革のための研鑽が求められている．
　本書は二つの目的をもっている．
　一つは，未来の教師を志している人々，また，子ども・青年の発達にかかわる専門家として日々実践に取り組んでおられる教師の方々に，学びの一助としていただければ幸いである．
　二つ目の目的は，未来の看護師を目指している方々，また看護教育に携わっている方々，なかでも臨地実習の指導に当たっている方々にとって，学びの一助になれば幸いである．
　多くの看護師養成機関において，教育学の授業が開講されている．看護学も教育学も，人間と人間との直接的な触れ合いを主たるフィールドとし，人間理

解を基盤にした実践学である．両者には，相互に学び合う面が多くあるように思われる．

　看護の対象である人間理解を深めるために，また患者やその家族への教育的指導，後輩ナースや実習生への指導という役割のために，さらに看護専門職業人として自己教育力を身につける学び方の習得など，教育的知見を教育学から学びとることが多いようにと思われる．

　また，教育実践と教育学は，「生・老・病・死」という人間の真実と日々向き合っている看護実践と看護学から多くの学び（臨床の知）を得ている．人間の命の尊厳，生きることの意味，対象への個別的かかわり方をはじめとする多くの知見から，教育実践の探究をより深めることができるのである．

　　2018年1月

　　　　　　　　　　　　　　　　　　　　　　　　　　　天野　正輝

目　　次

はじめに

第 1 章　人間の発達と教育を考える … 1
1　人間にとって教育とは何か　1
2　「学ぶ」ことと「教える」こと　3
3　成長・発達を援助する営み　5
4　教育における発達のとらえ方　7
5　人間をどうとらえるか（人間観，人間理解）　12

第 2 章　子ども・青年の発達をめぐる状況と課題 … 17
1　子ども・青年の未来を切り開くために　17
2　発達をめぐる否定的状況　17
3　子ども・青年の発達を規定する要因・背景　23
4　克服に向けた取り組みの視点と課題　27

第 3 章　教師像の探究 … 35
1　教師のしごと　35
2　子ども・青年の学習権・発達権を保障する教師の資質，能力　37
3　厳しい教職の現実　44
4　教師の研修　46
5　教師として成長するための授業研究　47

第4章　教育が目指すもの——理想的人間像を探る……51

1. 教育の理念, 目的, 目標の機能　51
2. 人間的能力のとらえ方　53
3. 学力・基礎学力のとらえ方　55
4. 人格の形成　57
5. 個性のとらえ方と教育　58
6. 学力と人格の統一的形成を目指す　60
7. 教育から自己教育へ（自立的な学習者を育てる）　62
8. 教育課題としての「全面的で最大限の発達」　63

第5章　学びの主体を育てる学習指導……67

1. 授業の基本的性格　67
2. 授業の構成要素と原動力　69
3. 授業のプラン（学習指導案）づくり　74
4. 教えることと学ぶことの結接点を探る　75
5. 授業過程と学習意欲　76
6. 学級という学習集団の形成　80
7. 授業改善に評価をどう生かすか　81

第6章　生徒指導の基礎理論——自分探しをどう支援するか……85

1. 生徒指導の意義　85
2. 自己指導能力を育む　86
3. 生徒指導の方法——集団指導と個別指導　88
4. 教育相談の意義　89
5. 問題行動とその対応　91
6. 「心の居場所」づくり　94
7. カウンセリングマインドと教師の指導性　95

8　生徒理解の意義と課題　96
　9　理解の諸相　97
　10　望ましい人間関係（信頼関係）をつくるには　99
　11　理解をすすめる視点　100
　12　生徒による自己理解　101

第7章　教育評価の理論と方法——評価が人をつくる　……………105
　1　教育実践における評価の役割　105
　2　学校教育における評価体制　106
　3　指導と評価の一体化を図る　109
　4　相対評価の問題性と発達保障のための評価　110
　5　自己評価とポートフォリオ評価法　114
　6　パフォーマンス評価とルーブリック（評価基準表）　117
　7　通知表と指導要録の役割　118

第8章　基礎看護教育における臨地実習の指導と評価　………123
　1　臨地実習の意義と目的　123
　2　臨地実習の指導計画と実践　125
　3　臨地実習の評価　130
　4　実習評価の課題　133
　5　看護過程を学ぶ　135

索　引　139

第1章　人間の発達と教育を考える

1　人間にとって教育とは何か

　人間がヒト（homo sapience）として生まれて人間らしさを身につけたひと（human being）になっていく過程には，どんな力がどのようにはたらいているのだろうか．

　18世紀のドイツの哲学者カント（Kant, I. 1724〜1804）は「人間は教育によってのみ人間になることができる」と述べ，あるいは「人間は教育されることを要する唯一の被造物である」と指摘して，人間と教育との関係を明確にしている（『教育学について』1803年）．

(1)　人間だけになぜ教育が必要なのか

　①　ヒト以外の高等哺乳動物の幼体が自然発生的にその種に特有の成体になるのとちがって，人間の新生児はひ弱い者として出生し，本能の貧しい未熟な存在である．ポルトマン（Portmann, A. 1897〜1982）が「生理的早産」[1]と呼んだとおり，なお1年間母体に留まることがふさわしく見える時期に誕生してしまう．つまり，人間の場合，種としての基本的能力である直立二足歩行や言語の使用（言葉の初歩的能力）などが獲得されるのは，ようやく生後一年を経てからである．そのため新生児は，母親を中心とする周囲の全面的な保護がないと生存すら危うく，無力な存在である．

　②　「ヒト」として生まれた人間の幼体は，生物学的にひ弱で無力なばかりでなく，文化的・社会的にも未熟で無力である．社会生活に不可欠な言語や，排泄，食事の仕方などの行動様式はもちろんのこと，さまざまな知識

や価値観，生産労働に必要な技術や技能など，およそ「人間の能力」と言われるものは何ひとつ具えていない．それらの大部分は，成人によって意識的系統的に教えられ，学習を重ねて長期にわたってゆっくりと獲得していくのである．

人間の誕生時の姿は未熟で弱々しい．ヒトは自分自身の生命を維持することさえも一人ではできず，他者の助けが不可欠である．長期にわたって，社会の中で，母親をはじめとする人々の手によって擁護され，保育され，社会的文化的環境のもとで教育されることによってのみ，人間らしさを身につけた人間になることができる．

教育は人間存在そのものにとって不可欠のものであり，教育を受け学習することは人間の基本的権利の主要部分である．それゆえ，日本国憲法（第26条）は，「すべての国民は法律の定めることころにより，その能力に応じて，ひとしく教育を受ける権利を有する」と規定し，国民が教育を受けること，学習して人間として成長・発達することが基本的権利であることを宣言した．

(2) 発達可能態としての人間

生物としてのヒトの特性である誕生時の「ひ弱さ」「本能の乏しさ」は，しかし，発達の可能性が大きいこと，学習能力が極めて高いことを示している．大脳生理学の研究によれば，ヒトが直立二足歩行の姿勢を獲得したことが，ヒトの大脳を，他の動物に見られないほどに進化させたのだという．そして大脳の新皮質部は，情報を貯え，思考や記憶などに関する機能をもつとされ，人類は本能から解放され自由に行動できるようになったのだという[2]．また，地上から解放されて自由になった両手は，物を運んだり，道具を製作し使用することで，生活をより豊かにし，独自の文化を発達させることができた．

子どもは大人の予測を越えてその多様な能力と個性を発揮する可能態としてとらえられるのである．斎藤喜博（1911～1985）は次のように指摘する．

「人間は誰でも，無限の可能性をもっているものであり，自分をより豊かに

成長させ拡大し変革していきたいという願いをもっているものである．また，誰でもそういう力をもっているものである」(『教育学のすすめ』1969年)

このような人間観，教育観に裏付けられた教育実践が，子どもの「教育を受ける権利」すなわち「学習権」を保障しうるのである．

人間は誰でも，発達可能性を内に秘めており，自分を豊かに成長させ，自己実現を図りたいという欲求や願いをもっている．人間，なかでも子ども・青年にとっては，将来においてその人間性を十分開花できるように教えられ，自ら学習し，事物を知り，これによって自らを成長させることが，その生来的権利なのである．子どもが教育を受け，学習し，人間として成長・発達する権利は，子ども・青年の諸権利の中核であると同時に，その他の人権を実現していく基本条件でもある．

2 「学ぶ」ことと「教える」こと

(1) 学び・育つこと

ルソー (Rousseau, J. J. 1712〜1778) は『エミール』(1762) において「私たちは学ぶ能力があるものとして生まれる」，「私たちは生きはじめると同時に学びはじめる」と述べる[3]．人が生きるとは，外界に働きかけて，その反応を自らの内に取り込み（相互作用）ながら変化していくことである．そのようにして自分が変わることが学ぶこと，育つことであり，その積み重ねが発達につながる．

子どもは眠っている時以外は手足を動かし，対象に触れ，つかんで口に運び，外界の認識を広げていく．周囲の音を耳で聞きとり模倣し，言語能力を高めていく．

人間は誰でも知らないことを知りたいと思い，わからないことをわかりたいと欲し，できないことをできるようになりたいと願う．学ぶことは人間の本質的なこと，人間の証しである．人間の成長・発達の過程は学習の過程そのものである．

子どもの潜在的能力は，学習を通して，具体的能力へと発達させていくこと

ができる．人間は学んで新しい能力を手に入れることによって，さらに新しい可能性をはらんだ存在へと自らを変えていく．

そして，学び知る活動は人間に大きな喜びをもたらす．解けなかった算数の問題が解けた時，けん玉が練習を重ねてやっとできるようになった時，補助輪なしで自転車に乗れるようになった時のよろこびは誰もが経験している．仲間とともに励まし合い，助け合いながら学ぶ活動には一層大きなよろこびが伴う．

学ぶことは人類の文化遺産を個々人が手に入れることでもあるが，文化は本質的に社会的なものであるから，これを手に入れることは，文化を通して他者とつながり，人間の社会につながることである．新しい世界が自分に開けてくるのである．

しかし，現実には，学ぶことによろこびが伴わず，学ぶことが苦痛になり，学びから逃走してしまうのはなぜだろうか．また，学ぶことが仲間作りにつながらず，人との結びつきにつながらないことが多いのはなぜだろうか．ここには人間にとって真の教育とは何かという問いと，そのしくみや制度のあり方，教育的かかわりの方法上の課題が含まれている．

(2) **教え・育てること**（指導・支援する）

既述のように，人間の発達可能性は大きいのだが，個体内に潜在する可能性は自然発生的に顕在化して人間的諸能力となるのではない．環境への能動的働きかけという子どもの活動を巧みに呼びおこし，それに方向づけをする活動——教える，指導する，支援・援助する，育てる——という活動が必要なのである．人間の発達につながる「学習」には，学習対象との葛藤，対立が生まれる．それを克服する方法と努力が必要である．そこに教師による効果的なかかわり——指導，支援・援助が求めれらるのである．

「教える」ということは，個体が獲得した能力や文化を他の個体に分かち伝えるということである．教えるという行為は，スプーンの持ち方や食事の仕方，衣服の着・脱の仕方など生活の中でごく自然に行われているものから，ひら仮

名や漢字の書き方から分数の加減乗除の指導などかなり意図的に行われるものなど，多様である．

　教えるという行為は，人間だけに特有な能力である．人間は教えるという能力を手に入れることによって，「文化的存在としての種の持続を可能にした」と考えられている．「教える」ということを意図的，計画的に行う学校教育では，人類が築き上げてきた文化遺産（類的存在としての人間の能力が対象化されたもの＝学問や芸術の総体）を教材化して指導し，子どもたちがこれを自分の内部に取り込み，発達が引き起こされるようにはたらきかける行為である．そして，「教える」という行為は学ぶ人の生き方を豊かにし，同時に教える人自身も，成長・発達した相手からのはたらきかけを受けとめて自分の考え方や生き方を変え成長していくことができるのである．

　人が何かがわかるようになる，できるようになる（学ぶ）ことと，人に何かがわかるように，できるようにしてやる（教える）こと，この両者は人間の本質的な行為であるが，どのような条件のもとで，両者の効果的な結び付きが可能となるのかに教育的かかわりの課題があり，教職の専門性もそこに求められるのである．

3　成長・発達を援助する営み

　教育は人間のもつ発達可能性にはたらきかけ，その発達を援助する営みである．子どもの潜在能力，学習能力は極めて高いのだが，その際，子どもの能動的活動を巧みに呼びおこし，それに方向づけを与える「教える」（指導，支援）という活動が必要なのである．

　子どもは「学ぶ」ことによって人類の文化遺産を内面化し，人間の社会とつながり，成長・発達していくのであるが，その際人間の発達につながる学習には学習対象との葛藤，・対立が生まれ，それを克服する方法と努力が必要となり，「教える」（指導・支援する）という他者からのかかわりが不可欠となる．われわれは，家庭，学校，社会の中に教える・育てる（指導，支援，援助）という営み

を効果的に行い，成長・発達を援助するシステムと技術をつくりあげてきている．

(1) 子ども・青年のもつ「教育を受ける権利」を保障する第一義的責務を負い，また権利をもつのは保護者（父母，後見人）である．家庭教育の責務は，まず父母の自然的責務である．子どもは家族のなかで生まれ，家族の愛情に包まれてその人間としての成長の第一歩を踏み出す．子どもにとって，乳幼児期の保育・教育が，その人格の基底をなす情意の育成と知性の発達にとって極めて重要である．母親や保母の温かい愛情のもとで育てられた子どもは，無意識のうちにその愛情を感得し，その感性が豊かに育つ．また，その後の成長の過程において，家庭環境や父母のしつけや養育態度が，人格形成に重要な役割を果たしていることは言うまでもない．

(2) 地域・社会もまた，子どもの成長・発達にとって欠かせない任務を負っている．いま，地域には，以前ほどの教育力は認められないにしても，子どもは地域における遊びや生活のなかで，人間的発達の基礎を培うことができる．地域や地方自治体のレベルでも子育て支援のさまざまな手だてが講じられている．

このように，「ひ弱い，未熟な」子どもを育てるために，家族はもとより地域をあげて子育てのための手だてを講じ，育児の技術と知恵を生み出してきた．

人間の社会は，制度としての教育システムを成立させる以前から習俗としての人間形成システムを編み出してきている．たとえば，「しつけ」「ひとねり」「こやらい」などの言葉は，民衆が子どもを育てる際に使われてきたやまとことばである．また，生まれる以前の帯び祝い，誕生してからのお七夜，宮参り，喰い初めの儀式，七・五・三などは，その子の人としての育ちの節目ごとに，健やかな成長を祈って家族と親戚や地域の人々がとり行ってきた産育行事である．

(3) しかし，家庭や地域だけで十分に子どもの発達可能性に応じた学習の権利を保障しえないゆえに，父母は就学前の組織的な幼児教育の施設，さらに学校とそこにおける専門的な教師集団に，子どもの教育の一部を信託するのである．父母からの信託（国民の信託）を受けて展開される学校教育は，主として教科の指導と道徳，教科外活動の指導及び総合的な学習の時間などによって，学力と人格の形成を組織的・体系的に図ることを任務とする．放課後の学童保育の施設も重要な役割を担ってきた．

(4) また国や地方の自治体は，子ども・青年の学習権・発達権を保障する教育を施すために必要な諸条件の整備・確立を図ることを任務とする．さらに国や地方の公共団体は図書館，博物館，コミュニティー・センター，青少年の家などの公共施設を整え，生涯にわたる学習の場を保障するという役割を担っている．

このように，子ども・青年は自然的環境や家庭，地域のなかで育ち，保育所・幼稚園や学校での意図的・計画的なはたらきかけによって成長し，多種多様な社会教育施設を利用し，さらにはマスメディアをはじめとする社会のさまざまな影響を受けながら日々人間としての成長・発達をとげていくのである．

4　教育における発達のとらえ方

(1) 人間の発達とは

教育は人間のもつ発達可能性にはたらきかけ，その発達を援助する営みである．

教育的かかわりにおいては，発達を軸にして（目的と方法両面で）すすめていくことが重要だという主張に異論はないのだが，その「発達」とは何か，「発達を促す要因は何か」という問いには必ずしも一義的な答えが返ってくるわけではない．人は誕生から死ぬまでの間に，身体的能力においてのみならず認知的，感情的，道徳的，美的能力において，その形態や機能及び構造のうえで著

しい変化を示す．発達は，誕生から始まるこのような人間的諸能力の変化の過程である．正しくは「誕生から」ではなく，受精から出生までの胎児の段階をも含めて問題にしなければならない．

　人間の成長・発達は，身体的なものの形態と機能を変化させていく過程，つまり「成熟」を基盤にしつつも，同時に環境との相互作用のなかでさまざまな経験を積み，また人類の文化的達成を「教える」「指導する」というはたらきかけを受け，自ら「学ぶ」という能動的活動を通じて，誕生時には備えていなかった人間的諸能力を獲得し発展させていくことである．このように，人間の発達は「成熟」と教育（学習と指導）により促される．発達は，外界に対する自己の「自由」を獲得していく過程であり，人間的自立を獲得し，自己を実現させていく過程である．

　発達を意味する英語"development"は，包みを開いて中身をさらけ出すこと，内に包み隠されていた可能性が引き出されること，より高い自由度をもった状態に展開するという意味をもっている．その際，固体内に潜在する可能性が（発達の過程で）次々に顕在化するのは，自然発生的にそうなるのではなく，環境（自然的・文化的・社会的環境）への能動的なはたらきかけと，子どもの活動を巧みに呼びおこし，それに方向づけを与える「教える」「援助する」「育てる」という活動が必要なのである．

(2) 発達の法則性と発達段階，発達課題

　ヒトとして生まれた人間の子どもが人間になっていく事実を分析していくと，そこにはいくつかの比較的一般化しうる特徴が見られる．それらを発達の法則とか原理，あるいは発達の一般的傾向性と呼ぶ．

　発達は，基本的には時間軸にそって展開される「連続した過程」であるが，同時にそれは再体制化の過程であり，体制の構造替えが行われる過程である．それを手がかりにすると，発達の過程をいくつかの時期に区分することができる．これを発達段階（developmental stages）と呼ぶ．段階は画然と明確に区分す

ることは困難であるが，この構成概念によって人間の現状の理解及び指導上の目やすを得ることができる．

発達の区分や名称については，発達のどの側面（身体的・言語・知的・社会性・道徳性・情緒など）を指標とするかによって，さまざまな説や理論が展開されてきた．一般的には，胎児期，新生児期，乳児期，幼児期，児童期，青年期，成人期，老年期といった区分がなされてきている．

ところで，発達の各段階ごとに，子どもが正常な発達を経るために社会的，教育的かかわりのなかで習得しておかなければならないか，もしくは，習得をすることを期待されている課題が存在する．ハヴィガースト（Havighurst, R. J. 1900～1991）はこれを発達課題（developmental task）と呼び，発達課題に取り組むことが発達への条件であるとした．[4]

数多くの発達段階論のなかで，今日，わが国の教育論や実践に大きな影響を与えてきているものにピアジェ（Piaget, J. 1896～1980）やエリクソン（Erikson, E. H. 1902～1994）の理論が注目されてきた．ピアジェ（1964）[5]は，精神発達を思考の構造の再体制化がなされる時期によって四つの段階に区分した（表1-1）．

エリクソン（1959）は，人間の自我発達のプロセスを8段階に分け，各段階

表1-1 ピアジェによる思考の発達

段階		特徴
感覚運動期 0～2歳		感覚と運動とを協応させて，外界に適応する．外界に働きかけることによって活動様式を形成していく．
前操作期	象徴的思考期 2～4歳	言語の発達が進み，表象（事物や現象の性質を代表する刺激）によって思考することができる．
	直観的思考期 4～7歳	概念化が進み，事物を分類したり，関連づけることができる．知覚的特徴に思考や推論が支配される．
具体的操作期 7, 8歳～11, 12歳		具体的に理解できる範囲に関しては，論理的に考えることができる．知覚にまどわされることは少なくなるが，具体的対象を離れると論理的に思考することはまだむずかしい．
形式的操作期 11, 12歳～		抽象的に仮説演繹的な方法で思考したり，推論することができる．

(Piaget, J. 1964)

ごとに危機を克服して達成すべき課題（発達課題）が存在するとした．例えば，青年期には，特有の心理社会的危機（アイデンティティの拡散）があるが，これを克服してアイデンティティを確立することでその人の性格が形成されるとした[6]．

(3) 発達の原動力は何か

　人間なかんずく子ども・青年の内部にさまざまな変化を引き起こす原動力は何か．人間の能力の発達を規定する要因は何であろうか．

　① 能力の発達をめぐっては，従来，遺伝説，環境説（経験説），輻輳説や，遺伝と環境との相互作用説などがあり，それぞれが教育の理論や実践に影響を与えてきている．しかし，相互作用説を除くいずれの説も，人間自身の意欲や能動性を軽視しており，人間は環境に主体的，能動的にはたらきかけることを通じてその能力を発達させるという事実をとらえておらず，宿命的な発達観の枠から抜け出ていない．

　それでは，子どもが誕生時には具えていなかった人間的諸能力を獲得し，発達させていく主要因（原動力）はどのように説明されるのであろうか．

　② 発達は，子どもと外界との関係において生ずる内的矛盾（たとえば，子どもの新しい欲求や疑問や思考と，子どものなかにすでに存在する能力との間にある矛盾）に求められる．この矛盾を克服する運動——「自己運動」にこそ発達という人間的事象をもたらすエネルギーを見い出す．つまり，発達の「原動力」は子どもが内的矛盾を乗り越えようとして取り組む「能動的活動」にあり，その活動を引き起こすような環境や遺伝的要素が発達の「条件」である．発達のプロセスは内的矛盾の自己運動過程として展開される．その際，教育（指導）は，発達に先導的にはたらきかけるという積極的役割を担っている．

　③ 発達を推し進める原動力となる子どもの能動的活動は，自然や事物とのかかわり，人との交流（コミュニケーション），遊び，学習，しごと・労働などである．子どもは，これらの諸活動のなかで生じてくる新しい欲求や課

題と，子どものなかにすでに存在する能力との間の矛盾の克服を通して人間的諸能力を獲得するが，その際，教育の役割は，このような内的矛盾を子どものなかにつくり出し，自己運動を巧みに呼びおこして，それに方向づけを与えるところにある．教師はそのように子どもを励まし，支援し，指導するのである．したがって，こうした活動がゼロ歳から青年期までを通して，家庭と地域と学校を通じてどう組織していくかが重要な教育的課題となる．

(4) 発達を促す観点——対象へのかかわり

既述のように，発達の原動力は対象への能動的なはたらきかけにある．なかでも遊び，学習，他者との交流は重要な役割を担っている．

子どもの能力が飛躍的に伸びる時というのは，新しい願いや意欲・欲求が子どもの内面に生まれ，それが大きくふくらみ強まってくる時である．そして，新しい能動的活動が生起する時である．したがって，願いや欲求の掘り起こしこそ人格形成の根源である．つまり，新しい願いや欲求と既有の知識や能力との間に矛盾が起きた場合，願いや欲求が強いと能動的活動が活発に展開され，そこに新しい能力が獲得されていく契機が生まれるのである．

一人ひとりの子どもの願いや欲求は，他の仲間の願いや欲求とのぶつかり合いのなかで大きく強く育てられる．子どもたちは仲間との集団的活動のなかで相互理解や対立・批判を経験し，他者のものの見方や考え方に照らして自己のものの見方や考え方を自覚する．他者の喜びや悲しみや痛みを介して自己の内面を豊かにしていくのである．

子どもたちの人間的成長の土台となり，教科学習や教科外活動を支える原点ともなる，このような人との関係を結んでいく力を育む経験や，自然や社会にかかわる豊かな直接体験をどこでどのように保障するのかということは，現代の教育を構想する重要な課題である．

5　人間をどうとらえるか（人間観, 人間理解）

(1)　ヒトとして生まれた人間が学び・育つということ, 人間がヒトとして生まれた人間を教え・育てるという行為を考えていく際, そもそも人間とはどんな存在なのかという問い（探究）は重要である. 人間をどうとらえどう理解するかということは, 他の諸科学と同様に教育学や看護学にとっても根本的な課題である. 人と人とのかかわりを主たるフィールドにしている教師や看護師という職業にとって, その職務の遂行にあたって求められるのが人間観である. その人のもつ人間観によってそこに展開される教育や看護のかかわり方が変わってくるからである.

(2)　古来から, 人々はこの問いに対してさまざまな答えを試みてきた. ホモ・サピエンス, ホモ・ソーシャル, ホモ・ルーデンス, ホモ・ファーベルなどの表現は, その例である. 古代ギリシャの哲学者アリストテレス（Aristoteles, B.C. 384〜B.C. 322）は,「人間はその本性においてポリス的な動物である」と説き, 人間を社会的動物と規定した.

　ホモ・サピエンスつまり人間は理性をもち思考する, 知恵のあるものというとらえ方は, 西欧では一般的であった.「人間は考える葦である」というパスカル（Pascal, B. 1623〜1662）の言葉もこの系譜である（『パンセ』1670）.

　人間を「死へ向かう存在」（Sein Zum Tode）ととらえ, 生の意味を探求する実存主義の哲学が20世紀初頭に人々の心をとらえた. 仏教では「生きることは苦である」と教え, この世は「生・老・病・死」という四苦に満ちているが, 人間が絶望のふちに在ったり, 死を前にした時,「慈悲」という言葉がその人の心を癒すのだという. 四苦という人間の真実に日々向き合う看護者はまさに慈悲を施す者と言ってよい.

(3)　教師が日々子どもたちと向き合い, 看護者が患者と向き合いつつ対象理

解を深めていく際に，示唆を与えてくれる人間観のいくつかを次にあげてみよう．

① **発達可能態としての人間**

　他の高等哺乳動物の新生児が種としての基本的な能力を誕生時にすでにもって生まれてくるのに対して，人間の場合，直立二足歩行や言語能力など，種としての基本的能力は何ももたず「能無しの状態」（本能の貧しさ）で生まれる．これらの能力は生後1年近く経ってようやく獲得されるが，ポルトマンはこれを「生理的早産」と呼んだ．

　しかし，新生児のひ弱さ，未熟さ，本能の貧しさゆえに，人間，なかでも子どもは発達の可能態として理解されるのである．子どもは，教師や大人の予測を超えて，その多様な能力と個性を発揮する可能態としてとらえねばならない．可能態を現実化するもの，さらに現実態を可能性に変えるのに不可欠なものが人間的環境と文化的条件であり，そこにおける学習であり教育（指導）である．人間に教育的はたらきかけが不可欠でかつ可能である根拠は，この誕生時の本能の貧しさと発達可能性にある．

② **統合体，全一体としての人間**

　人間を細分化したり，部分的にとらえるのではなく，一つのまとまりをもった存在としてまるごととらえ，かかわろうとする．人間の心と身体との関係については古来，心身一元論と二元論があった．人間の心と身体とは分かちがたく一つのものという見解と，両者は別々の法則に従う独立した部分というとらえ方である．後者の立場が近代医学を発展させた要因の一つと考えられてきた．しかし，疾病は診るが患者の心は診ない医療に人間的温かみは感じられない．

　看護は対象の全体にかかわる行為であり，対象のある特定の部分だけに焦点を当てるのではない．対象を生活者としてとらえ，身体的，心理的，社会的及び霊的側面から包括的，全一的に理解し，かかわろうとする．一つのまとまりをもった存在として捉えるのである．教師の子どもへのか

かわり方も同様である．学力は，子どもの能力の一部に過ぎないものであるにもかかわらず，受験競争の激しいわが国では，学力という指標のみで児童生徒を値ぶみし，人間的価値を測ろうとする．学力と人格との乖離が極めて深刻である．

③　**関係的存在としての人間——人は人のなかで人になる**

人間はこの世に誕生した瞬間から他者（人，モノ）とのかかわり（相互作用）のなかで生命を維持し，人間としての成長・発達を実現してきている．

母子一体感には，母親からの子どもに対する無条件の深い愛情が存在する．しかし，正しくは，一方通行の愛情ではなく，授乳をはじめとする育児行動には，乳児からの一定の刺激が存在するのであって，母子の間の相互作用（関係性）であるとみられる．

人間らしさを特徴づける自我（ego），自己（self）という世界も，もっぱら他者との関係性によって育まれる．あらかじめ自我が存在して他者との関係が生ずるのではなく，他者と関係することで自己意識が可能となり，自我が形成される．他者とのかかわりのなかでしか自己は生まれないし，自我は育たない．

教職も看護職も人と人との直接的な触れ合い（関係性）を主たるフィールドにしている．学ぶ者と教える者，看護される者と看護する者との人間関係において成り立つ．学びと育ち，ケアと癒し（caring and healing）を実現していくためには，人間関係の在り方そのものがかかわっている．どんなに優れた理論や知識を身につけても，両者の間に安心と信頼関係を築くことができなければ，教育実践にはならないし，ケアにはならない．

④　**対自性をもつ存在としての人間**

さまざまな人間観のなかでも，教師にとっても看護に携わる者にとっても，人間のとらえ方として最も基本的なものは，「対自性をもつ存在」としての人間観である．それは，また，自覚的存在，自己意識，自己概念をもつ存在としての人間観であり，日常的には，反省，振り返り，自問自答

する人間のことである.

　近代の多くの思想家は，人間を自覚的存在とみた．自己が自己自身を意識する自覚とは，自己が無媒介的に自己を意識するというのではなく，ちょうど鏡の前に立って初めて自分の姿，形を確認できるように，自己の外に自己を投げ出し（対象化），投げ出された自己と投げ出した自己とが対峙するという構図において成立する．自分を対象化し，見る自分（主体）と見られる自分（客体）とが対峙することで自己意識（自覚）が成立する．このことが自己教育，自己理解，自己変革が可能になることを意味する．あるべき自己の姿と現実の自己の姿とのズレを意識して自己変革しようとする．自分を知り，自分を変える（自己教育）契機が生まれる．それが自立した人間にとって不可欠な自己形成の能力である.

　自己評価，メタ認知，自己との対話，自己と向き合う，自己に対する語りかけ，リフレクション，自己表現，自己嫌悪，自嘲，自己否定などすべて対自性をもつ人間の姿である．表現とは，自己の内面を対象化する行為であり，表現を通して自己が客観化され，自己を知り，成長へのきっかけをつかむことができる．メタ認知とは，自分の学びの意味を見つめるもう一人の自分の目をもてるようにすることである.

⑤　**ホモ・ファーベルとしての人間観**

　人間は手を使い，道具を使って自然にはたらきかけ，物を造り出す（生産する）ところに人間の独自性を見い出す．物を造り出す働きによって，人類独自の社会，文化，歴史を築いてきたのである．人間は，自らを，自らの身体的活動で造り出すものといった人間観である．クモやハチにも物を造る（巣を造る，ミツを造る）行動は見られるが，それらは本能によるものであって，人間のように，見通しを立て，素材を選び，道具を用いて意識的にものを「造る・生産する」行動と同じではない.

⑥　**自らを選びとる存在**

　人間が生きるということは，学習をはじめとしてさまざまな活動，行為

をすることである．人間以外の動物は本能によって行動するのに対して，人間は自らの判断によって行為を選びとらねばならない．人間は行為を選びとる自由をもっているのである．

　人間は自由を持ち行為を選択し決定していかねばならないゆえに，そこに悩みや苦しみやとまどいや不安が生まれる．そのような苦しみや悩みや不安に遭遇して，人はしばしば自由を不自由と感じる．決断を通して自己を選びとっていく自由は自己の責任にかかるものとして，極めて重いものなのである．自己を選びとることの自由は，重い責任と不安に満ちたものである．なぜなら，選びとられる自己は，現時点ではそこに存在していない，未来的な自己だからである．人はしばしば「自由からの逃走」（E.フロム）を願い，試みるが，人間であろうとする限り，不安や苦しみに耐えねばならない．不安や苦しみに耐えながら，自らの主体的な決定を通して自らを選びとりながら発達していくところに，人間の本質を見るからである．人間は自己を自分の手で造り出すもの，自分であることを選びとり，自己を選択的・行動的に形づくっていくものととらえるのである．人間は，不断の学習と創造的な活動を通して日々自分を乗り越えるところにその本質がある．

参考文献
1）ポルトマン，高木正孝訳『人間はどこまで動物か』岩波書店，1961
2）瀬戸口烈司『「人類の起原」大論争』講談社，1995
3）ルソー，今野一夫訳『エミール』岩波文庫，1963
4）ハヴィガースト，荘司雅子監訳『人間の発達課題と教育』玉川大学出版部，1995
5）ピアジェ，滝沢武久訳『思考の心理学』みすず書房，1968
6）エリクソン，村瀬孝雄・近藤邦夫訳『ライフスタイル，その完結』みすず書房，1995

第2章　子ども・青年の発達をめぐる状況と課題

1　子ども・青年の未来を切り開くために

　どのような教育機関においても，教師の指導・支援活動に際して前提になる作業は対象の実態把握である．対象を正確に知り，知るだけでなく理解するためである．それによって対象への効果的なかかわり方を見い出すためである．

　教育現場では「最近の子どもは……」「今どきの学生は……」「この頃の若者は……」といった会話をしばしば耳にする．しかし，実態を嘆いているだけでは何も変わらない．実態をとりあえずそのまま受け容れ，その上で，よりよいかかわり方を工夫，改善していく．眼前のあるがままの対象の姿を受けとめる——それが対象を理解する第一歩である．

　私たちは，まず，教育現実を直視し，教育研究の成果に照らして，そのような状況を生み出した原因，背景をつきとめる作業を綿密に行わねばならない．そして，子ども・青年の学習する権利を保障しうる教育の理論構築と実践を展開しなければならない．

2　発達をめぐる否定的状況

(1)　遊びをめぐる変化

　既述のように幼児期，児童期の子どもたちにとって，遊び，特に仲間との遊びがもつ発達的意義は大きい．

　「子どもの遊びの群れが見られなくなった」と言われて久しい．かって，原っぱや道端で夕方おそくまで遊んでいた子どもたちの姿は，ほとんど見られなくなった．それは，子どもの遊びをめぐる状況が大きく変わってしまったことに

よる．子どもの遊びを成立させる条件とされる「三つの間」，すなわち，遊びの空間，時間，仲間についてみると次のような変化が見られる．

① 遊ぶ空間……急激な産業の発達と都市化によって，かって子どもの恰好な遊び場であった空き地・原っぱ・田畑にはビルや工場が立ち，川や池は汚染され，自動車の激増によって道路で遊ぶのも危険になった．一方，児童公園や子どもの遊ぶ施設の整理は遅れ，公園なども禁止や制約が多く，必ずしも子どものための空間にはなっていないものが多い．こうしたことから，子どもがよく遊ぶ場所は，最近では家の中やゲームセンターなど屋内が多くなっている．

② 遊ぶ時間……テレビの普及により，子どもの生活はテレビ中心となった．また，早期教育や受験競争が激化していくなかで，稽古ごとや塾通いが一般化した．そのため友だちと遊ぶ時間は相対的に少なくなるとともに，友だち同士遊ぶためのスケジュールが合わなくなってしまった．最近の子どもは，稽古ごとや塾通いによってコマ切れ化した時間を一人でテレビを見たり，ゲームをしたりして過ごすことが多くなっている．

③ 遊ぶ仲間……遊びの空間的，時間的条件の悪化に加えて，兄弟の減少，地域社会における人間関係の希薄化，受験競争の激化などによって，子どもの仲間関係は大きく変わった．以前のようにガキ大将を中心とした異年齢の集団はほとんど見られなくなり，集団規模は縮小し，等質化し，結合力も弱まった．このため年上の子どもから年下の子どもへという遊び文化の伝承が困難になった．そして，現在の子どもたちはもはや自らの自律的な遊びの文化を形成し得なくなり，代わって大人の造り出した玩具やゲーム機器などが子どもの遊びを支配するようになった

このように遊びを成立させる条件の変化とともに，子どもの遊びは大きく変わってしまった．それは，屋外での異年齢の大きな集団による自律的で発展的な遊びから，屋内での，一人ないし同年齢の数人との，大人の造り出したゲーム器を使った断片的な遊びへの変化である．それは，遊びの弱体化であり，子

どもの遊び文化（伝承遊び）の喪失にほかならない．現在，子どもの発達上のさまざまな歪みが指摘され，いじめ，不登校，ひきこもりといった問題行動も深刻度を増しているが，このような遊びの弱体化と無関係ではないであろう．子どもは友だちとの豊かな遊びのなかで自立を図り，人間関係を学び，他人を思いやる心を育てながら，豊かなパーソナリティを形成していく．遊びを成立させるための条件の悪化は，多分に大人の都合によってつくられたものである．子どもの豊かな遊びを育むための環境整備が課題である．

(2) 他者の喪失

　子ども・青年の発達をめぐる変化のなかでも，人間関係づくりをめぐる変化にも著しいものがある．専門学校や短大，大学に入学してくる学生の特徴として，人間関係づくりが稚拙で，コミュニケーション能力も低下，そして他者の痛みに無関心に見える学生が年々増えてきているという指摘がある．

　子ども・青年は仲間とのかかわりを通して育つ．自我は他我を媒介として成立し，社会性の基礎もそこで養われる．集団的な遊びや学習，文化的な諸活動を通して，他者の存在を知り，他者とともに生きることの喜びと厳しさを学び，寛容さを身につけることができる．

　ところが，高度経済成長期以降，核家族化，少子化が進行するなかで，家庭における人とのかかわりも希薄化し，過疎過密化が進んで地域共同体が崩壊するにつれ地域における子ども社会も崩壊しつつある．学校では，偏差値重視の教育が恒常化するなかで，知識の詰め込みとテストの繰り返しで人間関係や寛容さを学ぶ学習が深められず，子ども・青年は孤立感を深めてきている．

　他者の立場を理解し，他者の感情を忖度するためには，他者との不断の相互行為（かかわり）が不可欠なのである．子どもが誕生してから成長する過程で，生きた生身の人間と交わる機会や量が急速に減り，「他者を内に取り込む」という，社会化の過程で最も大切な部分が抜け落ちてしまっている．人格形成にとって重要な部分を欠いてしまっている．

自分とは異なる他者の存在を認め，他者の立場を理解し，他者を思いやるといった気持ちも行為も生まれにくくなっている．このことが，いじめや不登校，ひきこもりなどが発生する要因の一つと考えてよい．

(3) 現実認識の変化——感性と表現力の衰え

　感性の育ちを阻む原因は，遊びの減少と五感を通してものごとを知る（体験的に学ぶ）機会の減少であり，情報化社会の急激な進展であり，ヴァーチャルなものが現実だと思い込む状況である．

　情報化社会は生きたリアリティーをどんどん記号化し，映像化して子どもは生きた「モノ」や「ひと」のふるさとから引き離され，生きたリアリティーを失った対象物とのかかわりを強いられる．子どもたちは疑似体験しか与えられず，無感動，無関心という傾向が顕著になってきている．

　一般的には，子どもの認識の過程，学びの過程は，まず，五感を通して対象をとらえ（体験，直接経験），次いで，感覚的にとらえたものを「なぜだろう」「どうしてだろう」と問いつつ，思考を深め，概念化し，知識や技能に置き換え，さらにそれらを実践力，行動力，表現力として生活に結びつけ，生きる力を豊かにしていくことができる．

　そうとらえると，生の自然やモノや仲間とのかかわりを失ってしまった子ども・青年は，自然認識や社会認識の基盤を失ったのみでなく，自己認識，自己概念の形成も十分にできないのである．自分を対象化し，自分を知り，自己受容し，自己を変革していくことができないのである．

(4) 自分の良さが見い出せない

　「どうせ自分なんか……」というあきらめの気持ちや，「いじめられる自分が悪い」とか「学校にいけないダメな私」といった自己嫌悪や自己否定感にとらわれる子ども・青年が目立つ．否定的自己認知によるラベリングが学校生活の中に早い段階から形成され，その定着が進んでいると言われる．なぜそのよう

に自分を責め，嫌い，自己否定感にとらわれるのか．

　現代の日本の社会は，競争原理が子ども・青年の生き方を支配しているからであろう．大人の世界でも「勝ち組，負け組」という表現が日常的に使われ，「負ける自分が悪い」という自己責任論が横行している．児童・生徒の優劣を比べてみるクセが親や教師には常についてしまっている．しかし，ネガティブな自己概念が克服されない限り，生きる意欲も学習意欲も高まることはない．自分の存在をマルゴト否定するような心の状態に自分を追い込んでいる子ども・青年と向き合い，彼らがその苦しみから自分を解き放つのを支援するようなかかわりが，学校・教師には強く求められる．

(5) 学力の二極分化（格差）の拡大

　近年の学力低下論のなかで注目される点は，2003年のOECDが実施した国際学力調査・PISAやIEA（国際教育到達度評価学会）をはじめ各種の比較調査の結果から読み取れる傾向として，日本の児童生徒の学力は成績下位層の一層の低下によって全体の平均点が低下し，その上「できる層」と「できない層」への分極化傾向が拡がっているという指摘である．この二極化（格差）を規定しているのは「親の学歴，職業，収入といった社会階層差」であるという[1]．また学力調査に限らず，家庭での学習時間や学習意欲の変化を示すさまざまな調査データからも，この指摘の可能性が読み取れる．今日の学力低下問題の内実は，不利な教育環境に置かれた層の学力水準が著しく低下しはじめていることであり，学力が児童生徒の将来の進路を決める要素であるとすれば，学力の二極化は階層分化（格差）を拡大する要因となる．

　これまで，日本の児童生徒の学力水準は高い（またはほぼ満足すべき状態）と評価されてきているとしても，それはあくまで平均値であって，全員が高いとは限らず，むしろ学力水準の高さが「学力格差」の存在を見えにくくしてきたと言わねばならない．

　学力低下傾向に危機感を抱いた文科省は，習熟度別指導を奨励し，これまで

学習内容の上限としてきた学習指導要領を最低基準と定義し直し，「発展的な学習」を行う裁量を学校に認めた．発展的な学習は習熟度の高い児童生徒に主として課せられるのであるから，一度生じた学力格差は固定化，拡大し，学力の二極化を一層推し進めるものである．

(6) 青年期の発達的危機

人間の成長・発達過程のうちで，青年期は自分を探し，自分を発見し，進路を選択，決定していかねばならい時期である．エリクソンは，青年期の主な心理的危機としてアイデンティティの獲得と拡散の葛藤をあげた[2]．アイデンティティ（identity）とは自分が自分であるという自覚を言うが，これは自分自身が時間的に連続しているという自覚と，自分が他の誰かではない自分であるという自覚（かけがえのない存在）との結合された感覚を言う．しかし，このアイデンティティの獲得という発達課題にとって，青年をとりまく今日的状況は，次にあげるように，これを妨げるように作用している．

① 比較的早い時期からネガティブな自己概念を形成しがちであること．
② 将来の夢や希望，そして生き方への認識が希薄であること．
③ 進路選択の範囲，見通しが極めて狭いこと，選択のめやすが他律的基準に依ることが多いこと．
④ 中学や高校でつけられる学力は受験学力であって「自分探し」の能力と必ずしも結びつかないこと．
⑤ 自由な試行錯誤の時期つまり成人に至る過渡的な時期である「モラトリアム」（moratorium，執行責任の猶予期間）を脱出しようとしない状況にあること．

中学，高校いずれの場合も，生徒の進路選択の基準は興味・関心，希望，能力，適性などに置かれるのではなく，主要には教科の成績，それも偏差値に置かれている．換言すればテストの点数や偏差値が生徒の進路を決めてくれるのであり，選択に際して自ら主体的に決断する必要はないのである．「どんな大

人になるのか」という自分の生き方が突き詰められず，自己形成の目標について意識が希薄なままに選択が強いられるという問題である．そのうえ，学校でつけられる学力は，多くの場合，受験のための学力に限定され，受験学力（入試の合否や進学の可否にかかわってしか問題にされない）は肯定的自己概念の形成や「自分探し」と必ずしも結びつかないのである．中学でも高校でも，進路指導と言いながら，実質的には受験産業がもたらす偏差値による合否判定と大差のない，単なる受験指導に陥っている．

受験競争が過熱化するなかで高校における入学後の学校不適応，学業不振，中途退学者の増大，進路変更などが増え，また，大学においても転学，転部希望者，無目的留年者の増加などが顕著となった．その要因の一つには，中等教育段階での進路指導の傾向が，進路選択から進学可能な高校や大学の選択へと変化し，そのうえ，マーク・シート方式による共通一次試験の実施以来，入りたい大学・学部よりも入れる大学・学部へという傾向が急速に進行したことがかかわっている．

3 子ども・青年の発達を規定する要因・背景

(1) 家庭・地域社会の変貌

教師や大人は，現代の子ども・青年の変貌ぶりは大きく，捉えにくくなった，指導しにくくなったと嘆く．しかし，子ども・青年が変わったというよりも，彼らを取り巻く環境・社会が変わったのである．したがって，日々子ども・青年にかかわる教師は，家庭や地域社会，その文化的状況の急激な変貌及び国や地方当局が打ち出す教育改革の施策が人間（特に子ども・青年）の成長・発達にどんな影響を与えているのかという，マクロな社会的文脈に目を向けることが必要である．既述のような発達をめぐる否定的状況の背後に何があるのかを可能な限り明らかにして，それを克服する方策を探り，実践を展開することが求められる．

① 1960年代は，いわゆる高度経済成長政策が急速に展開していく過程であ

り，同時にそのひずみが日常生活や学校教育の中で次第に顕在化していく過程であった．過疎・過密，環境破壊，マンパワー・ポリシー，落ちこぼれ，落ちこぼし……といった言葉がマスコミや教育関係者の間で多用されるようになっている．

　家庭や地域社会の生活・環境条件は大きく変貌し，子どもたちの人間的成長を支えてきた遊び，豊かな生活体験，自然体験，そしてしごと（家事の手伝いや労働の機会）が急速に失われた．子どもたちが，その肉体的・精神的力量をトータルにぶつけて取り組むことのできる仲間との遊びやしごと，道具を使ってものを作る活動が子どものまわりから大幅に失われつつあることの発達的損失は大きいものがあった．

　② 　経済界からの，高度経済成長を支える新たな労働力需要に即応する学校教育改革への要求は「経済発展における人的能力開発の課題と対策」（1963年）として登場した．人的能力政策つまり人間の能力をそれを担う主体の側からとらえずに，企業のために利潤を生み出す有効な人的能力（マン・パワー）ととらえる．この課題に見合った人的能力を早期に発見し，選別し，開発し，分配することが学校教育に課せられた第一の任務だとする．

　この政策が具体化されていく過程で，戦後の教育改革の柱の一つであった高校三原則は次第に崩されて「能力・適性・進路」に見合う教育（多様化路線）が急速に進行した．

　③ 　能力主義を原理とする学校教育は，ハイタレントの早期発見と開発のためにテストを繰り返し，子どもを成績に応じて分類し，その「能力」別に上下の序列をつけ，進学する子としない子に分け，進学組も普通高校と職業高校のコース別に仕分けし，学校間に格差をつけて子どもを選別していくという状況を生み出した．教室や学校内は厳しい競争で被われ，わが国の学歴社会の傾向を一層助長するものであった．

(2) 産業構造の変化と教育の自由化

① わが国の産業構造は1980年頃を境に，重工業中心の「産業社会」から，情報産業やサービス業中心の「消費社会」へ急速に変化している．消費社会とは，ものの消費が「使用価値」を求めて行われるに止まらず「付加価値」(デザインやブランド) を求めて行われることが一般化した社会である．

子ども・若者はこの消費社会のイデオロギーを深く内面化している．物の生産に力を注ぐ産業社会では，倹約・節約・我慢・まじめ・勤勉が美徳であったが，消費社会では，消費が美徳とされ，ものを大切にしない，労働を軽視し，マジメはダサイと非難の対象にされる．また，集団の規律に従い，他者と共有した目標に向かって努力するというそれまでの態度は薄らぎ，自分らしさを他者との差別化を図って喧伝し，目立ちたがりやに育つ．

② 80年代に入って，わが国の初等中等学校では，かって経験したことのないほどの病理現象 (不登校，いじめ，校内暴力，学級崩壊，子ども・青年の自殺) に直面したが，彼らと向き合い，彼らの苦悩に共感して支援の手をさしのべる教師や保護者に，国や地方の教育行政はどのような施策で対応したのであろうか．

内閣の下に設置された臨時教育審議会は，21世紀を展望したわが国の教育全般にわたる審議と答申 (1987年 8月) を行った．答申の基調にある「教育の自由化」(規制緩和，民営化) は，教育や福祉の領域に市場原理を導入し，競争を活性化させると同時に，教育内容や教員の活動に対する国家的統制の強化を特徴とするものであった．この改革は，21世紀に生きる子ども・青年の教育をより豊かなものに発展させるものではなかった．例えば，教育課程審議会の「答申」(1987年12月) が打ち出した「個性尊重の原則」とは，学力の個人差を個性ととらえ，テストの点数や偏差値など単一の尺度によって，子ども・青年相互の間に序列をつくり，「進路・適性」の名による選別が行われ，能力の固定化と格差拡大につながる危機性をもつものであった．

(3) 格差社会の進展と子どもの貧困

① 21世紀に入って十余年，わが国では競争と自己責任を強調する「新自由主義」の政策が推進されるなかで，社会的格差が拡がってきていると実感する人々が多くなってきている．野放しの競争原理と自己責任論が，子ども・若者の生き方を支配している．

格差社会とは，親の財力（主として所得）の差によって生活の中で享受できるサービスの質に差が生じ，その差が許容しがたいほどに大きな社会のことである．教育の領域では学力格差，学習意欲の差，学歴の差として現れる．医療の領域では患者が望んでも満足のいく治療や看護が受けられないという事態が生ずる．

自由競争を基本とした資本主義経済の下では，格差が生ずるのは不可避であるが，問題なのは，競争のスタートラインが，子ども・青年によって全く異なる不平等が存在することである．不平等を是正する理念と実践が制度的に組み込まれないと，学校は不平等の拡大再生産装置となる．教育や社会福祉における人的，財政的支援態勢の構築が必要なのである．

② 臨時教育審議会の答申に基づいて，文科省が「第三の教育改革」の名の下に打ち出した教育改革の特徴は，教育の自由化と規制緩和政策にあり，教育に新たな市場原理・競争原理が導入されることになった．同時に，公教育に対する国や自治体の公費負担や条件整備義務を後退させ，公費教育の削減，民営化・多様化が進めれらていくところに大きな特徴がある．その結果，教育の機会均等，平等と公正の原理は弱められ，教育における社会的階層格差と新たな差別が進行している．

教育は市場における商品と看做され，「選択の自由」（学校選択制など）の名のもとに親や子どもはその商品の買い手，消費者とされる．学力の内実をあいまいにしたまま，学力競争の活性化によって，学校間格差をつくり，格差は競争を強め，競争は格差を拡大し，財力のない家庭の子どもは競争から脱落していくのである．

③　近年,「子どもの貧困」とか「子どもの貧困率」といった表現がしばしば目や耳に入る.

　小西によれば, 子どもの貧困とは「子どもが経済的貧困の状態に置かれ, 発達の諸段階におけるさまざまな機会が奪われた結果, 人生全体に影響をもたらすほどの深刻な不利益を負ってしまうこと」と定義される[3].

　2012年の「国民生活基礎調査の概況」（厚生労働省）によると, 子どもの相対的貧困率が全年齢層の貧困率を上回る結果となっており, 6人に1人の子ども, 人数では350万人程の子どもは貧困状況にある. 特にひとり親世帯の子どもの相対的貧困率は高く5割を超えており, また, 国際的に見ても, わが国は「子どもの貧困率の高い国」になっているという.「子どもの貧困対策法」(2013年),「子どもの貧困対策に関する大綱」(2015年) の成立を受けて, 地方自治体の施策や市民による支援活動（「子ども食堂」や「学習支援」など）もようやく広がりを見せてはいるが十分ではない.

4　克服に向けた取り組みの視点と課題

　子ども・青年の発達をめぐる以上のような困難な状況を多くの教師, 研究者, 父母・国民がただ黙って看過ごしていたわけではない. 経済的利潤のみを追求した環境破壊, 人材開発政策と教育の能力主義的再編, 競争と自己責任を強張する「新自由主義」の政策が推し進められるなかで, 人間の発達と教育への危機意識が多くの教師や父母の心をとらえ, 教育研究の成果を踏まえて, 次に掲げるようなさまざまな取り組みや問題提起がなされてきている.

(1)　豊かな感性を育てる

　対象をいかに感じとり, どのように受けとめるかに感性 (sensibility) が深くかかわる. 片岡によれば感性を「価値あるものに気づく感覚」ととらえる[4]. ここで言う感性とは人間誰でももっている五感であり, 感性はその五感が価値に気づくはたらきである.

感性はものごとをありのままに感じる感受力であり，それだけでなく，感じたことを構想し，問い，本質を考え，表現していく「知的な追求力の原動力」なのである．このように感性は，人間の生存の基盤であり，理性とともに認識における重要な構成要素である．

　感性は，歴史的にみると理性と対立した概念としてとらえられ，ロゴス（理性）とパトス（感性，情念）の関係の中で論及されてきた．プラトン（Platon, 427～347 B.C.）やアリストテレス（Aristoteles, 384～322 B.C.）における感性や情念の位置は，非理性的な存在として，理性より一段低いところにあるものととらえられていた．また，理性のコントロールの下に感性を置くことに，感性軽視の起点をうかがい知ることができる．

　しかし，遊びの変質，急激な都市化，自然環境の破壊，高度情報化社会の進展のなかで，人間特に子ども・青年の感性は衰弱しつつある．

　人間の感性的側面への注目は，現代の学校教育にとっても緊急の課題であり，遊びの回復と五感を駆使しての環境への能動的はたらきかけ（自然体験，社会体験）を取り込んだカリキュラムの改革が必要なのである．1989年の生活科の新設や1998年の総合的な学習の時間の創設の意義は大きい．

(2) 活動・体験の重視

　体験的活動（自然体験，社会体験）が教育とのかかわりで重視されるのは，それが次のような性格をもっているからである．

① 　思いや願いに基づき，五感を総動員してはたらかせ，対象（人やモノ）への能動的で全人的なはたらきかけである．

② 　身体，情緒，意志，認識等の能力が相互に関連をもってからみ合いながら対象とかかわる．頭と手と眼の協応関係が成立し，人間の諸機能を調和的に発達させることができる．

③ 　具体的，特殊的であり，直接的であるから，感情を揺さぶり，感動を深め，「体得する」ということばに表現されるように，心に忘れがたく刻印

され深い認識を成立させる．
④　生活現実，社会的事象や自然への直接的なかかわりであり，実物，本物（なまの情報源）とのかかわりである．子どもの内面に潜む感性を触発する．
⑤　同種の活動をしても，何に気づき，何に感動するか，またその程度は人によって異なることでわかるように，活動・体験は一人ひとりの内面に固有な世界を生み出すものである．すなわち，活動・体験を重んずるということは，子どもの多様性や個性を重んずるということである．
⑥　活動・体験はまた他者とのかかわりであり，他者と交流しながら，新たな気づきや発見を皆んなのものに広げ，それによってもう一度，自己を見つめ直し，自己の良さに気づいていくのである．

こうした特徴をもった体験的活動は，「自己教育力」を育む力を豊かに含みもっている．子どもが自分なりの願いをもち，自ら頭と手と身体とを使って能動的に対象にはたらきかけ，対象からはたらき返されることによって，自己認知は可能となる．体験活動は，自己を対象化し，自己を知り，自己を変革していく契機を豊富に含んでいる．知識の注入に偏重した現代の学校教育を正し，人間的感性を育んで，人間としての生き方を考えさせるうえで有効な方法である．

(3) 思考力向上を図る探究的，問題解決的学び

わが国の学校教育での学習活動のあり方を，習得型の学び（learn）と探究型の学び（study）に分けてとらえることができるが，受験学力に傾斜した授業では，終始習得型の学びが支配的である．基礎から累積的に練習を重ねて習得していく学びはもちろん不可欠なのだが，同時に課題への探究的な取り組みも学力と人格との統一的な形成に不可欠なのである．

かって，大田は「問い」と「答え」との間の短略化に日本の教育の危機を見ると指摘したが，この指摘の意義は，今日一層強まっている[5]．子どもは試行錯誤を繰り返し，自分なりの答えにたどりつく粘り強い思考過程に，人間として

の発達の契機と筋道が見い出せる.

　思考力向上を目指す今日の学校教育において，児童生徒自身が問題をもち，観察を繰り返してデータを集め，予想を立て，仮説をつくり，仲間と協力し合ってデータを分類したり，分析・総合したりする技法を駆使して，活動を調整しながら一歩一歩解決に近づいていくという，探究的，問題解決的学びは思考力を鍛えるうえで極めて重要である．そのプロセスは次のように展開する.

① 　子どもの思考は，日常の生活過程や学習場面で対立，緊張をはらんだ問題状況に根差し，そこから発生する.「おや，どうしたんだろう」という疑問が生まれ，「やってみたい」（関心，意欲）という問題意識をもつ.

② 　問題状況を構成している諸事実を注意深く観察し，データを集め，比較，分類して整理し，そこから解決への見通しを立てたり，未来の可能性を予測する．また，事実は決して孤立的，固定的にあるのではなく，他の事実と結びついていて一定の関係の中にある．その関係を確かめることによって，問題解決の見通しも得られる.

③ 　得られた見通しが，問題状況を構成する諸条件と矛盾しないかどうか推論することが必要である．ここでも，事実の観察（分析や調査）と観念の形成が相互媒介的に限定し合っている.

④ 　推論によって得られた仮説は，実験（実践）によってテストされる必要がある．実験の成功（「うまくいった」）は，その仮説が問題を解決し，したがって，妥当性をもつことを証明するのである.「こうなったよ」（表現），「なるほど」「そうだったのか」「わかった」（知識，理解）ということになる．ここに，思考の探究的，問題解決的機能を見ることができる.

(4) 人間関係を豊かにする力——コミュニケーション能力を育てる

　人間と人間との直接的な触れ合いを主たるフィールドにしている教育や看護という実践において，コミュニケーション（パーソナルな）能力は極めて重要な役割を担っている.

相手に，ある感情や考えや価値観をメッセージにしてある手段を用いて伝え，相手からメッセージを適切に受けとめ理解することは，社会的コンピテンスの中でも中核を占めるものであり，コミュニケーション能力と呼ぶ．

コミュニケーションの手段は，言語的コミュニケーション（verbal communication）と非言語的コミュニケーション（non-verbal communication）に分けられる．後者つまり非言語的媒体の種類としては，視線，表情，身振り，ジェスチャー（動作），姿勢，身体的接触，人と人との空間のとり方などがあげられる．

コミュニケーションは，辞書的には，「社会生活を営む人間の間に行われる知覚，感情，思考の伝達」（『広辞苑』岩波書店，1975年）と説明され，「伝達」という意味あいが強調されがちであるが，語源的には，「価値や情報を共有のものにするための行為」を意味するラテン語の〔communis〕に由来する．つまり，コミュニケーションの本質は，感情，思考，価値観を相互に適切に伝え，交換することにより，それらを「共有し」（意味の共有），「分かち合う」ことにある．

コミュニケーション能力は，対人関係の困難（他者への思いやりの欠如，他者の立場に立てない人の増加）が叫ばれる現代において特に重要性を増している．教育実践における教師と生徒，生徒と生徒とのコミュニケーションのあり方は，教育方法研究の重要な課題である．看護実践においても，それなしには看護は成り立たないと言われるほどの基礎的・基本的能力である．つまり，相手を理解し，その人と信頼関係を築き，そのうえで相手の価値観や個別性を尊重した援助が提供できなければならないからである．患者や家族は心身の不調や不安を言語や非言語で訴える．看護師はそれらのサインを鋭敏にキャッチし，その意味するところを患者とともに確認し，共有する．

《コミュニケーション過程における教師や看護師の能力》

① 送り手として──メッセージを記号化する能力（受け手の個別性を配慮する）
② 受け手として──子どもや患者からのメッセージに気づく（知覚する）能力
　　　　　　　　　表出しきれていないものへの「察し」「思いやり」が必要

意味共有を意図的に進めるコミュニケーション教育で重要なことは，他者との出会いの機会を数多く設定し，コミュニケーションできる機会を与え，異質な他者を受け容れる寛容さを養うことである．

(5) 自己肯定感（自尊感情）を育てる

学習者は自分のよさや可能性，伸びていく自己を見つめる積極的な自己概念が基礎にあって，初めて生活や学習への意欲がわく．自己概念は自分という人間に対する全体的イメージのことであるが，こうした自分についての全体的イメージにおいて特に「評価」にかかわる側面を自己肯定感（self-esteem）と言う．自分自身を価値ある存在と看做す感情や態度を意味する概念である．自尊感情，自己価値感などとも言われてきた．

自己肯定感は，自己概念ばかりでなく，その他の能力の発達に直接・間接に影響を及ぼす．自己肯定感の高い生徒は，自分の能力を相対的に高く知覚し，課題に意欲的に取り組む構えをもっており，低い生徒には消極的な行動が目立つといわれる．したがって，児童生徒が否定的な自己概念をもたないように，劣等感に陥らないような配慮が必要である．教師の児童生徒へのかかわり方，親の養育態度などは自己肯定感の形成に大きな影響をもっている．個々の児童生徒の良さや伸びていく可能性に目をやり，思いや努力を承認するやり方で自己効力感を高めていくことが，自己肯定感を高めることにつながる．

(6) 到達目標・到達度評価の理論と実践への取り組み

1970年代の能力主義の教育政策のもと，五段階相対評価が通知表や指導要録，内申書を通して学校現場に浸透するなかで，差別と選別の教育へと変質してきた能力主義の教育に対して教育評価本来のあり方が問われてきていた．

それは，教育評価を，子どもを選別するためのものから，発達を保障するためのものに転換させるのにはどうしたらよいか，という問いと課題であった．その課題に応えて京都や東京の教師たちによって取り組まれたのが，到達目標・

到達度評価の理論と実践であった[6]．

　子どもの成長・発達をめぐる困難な状況のなかで，父母から「すべての子どもに確かな学力を」と求められた学校・教師は，国民的教養の基礎として欠かせない学力を，到達すべき目標として設定し，それに到達させるための教材を精選し，授業計画（わかる授業）を組み立て，絶えず個々の子どもが到達したかどうかを確かめ，つまずきがあれば教え方も改善して，すべての子どもが到達できるような教科指導を確立していくことであった．

　到達目標・到達度評価の実践は，5段階相対評価を改めるために登場したものであったが，通知表や指導要録における単なる評価方法の改善の問題ではなく，「質の高い，わかる授業」の追求であり，すべての子どもに基礎学力・学力をつけるための試みであった．

　到達目標・到達度評価の実践の過程でわかってきたことの一つが，以前にも増して学習意欲が高まるということであった．その理由は，子どもが何をどの程度学習すればよいかを明確に認識することができること，自らの到達段階を明示してやることで，努力が直接結果として現れ，自分もやれば出来るという実感が得られること，そして，仲間との間で教え合い，励まし合って学習することが容易になることがあげられよう．

(7) **教育改革を進める理念と原則**

　2017年は，戦後の新教育がスタートしてから70年になる年である．この間，日本の教育をその根幹で支えてきた理念と原則は，日本国憲法と教育基本法（1947年制定）に示された理念と原則である．ここに示された理念は，教育の現実を照らし，子ども・青年の発達を保障する実践を方向づける役割を果たしてきた．しかし，経済的価値や効率性を優先した経済界からの人材開発の要請や，国側が進める教育政策や制度は，この理念から離れ，これを空洞化させてきた．われわれが目指す教育改革は，歪められた教育の現実を，これらの理念や子どもの権利条約（1994年批准）に基づいて再吟味し，修正することにある．一人ひ

とりが人間として大切にされ，人間らしい発達を目指し，能力の最大限の伸長を図る教育に変えていくことにある．

多忙と過労という厳しい教育条件，管理と統制の中でも，日本の教師は，子ども・青年の願いや思いに応え，すこやかな成長・発達を可能にするために，仲間の教職員と協力し，父母・住民と連携して教育改善に取り組むことが期待される．

参考文献
1) 耳塚寛明「格差社会が子どもの教育に及ぼす影響と問題」『教育展望』（2015年5月号）教育調査研究所
2) エリクソン，村瀬孝雄・近藤邦夫訳『ライフスタイル，その完結』みすず書房，1995
3) 小西祐馬「子どもの貧困の実態」『教育と医学』2017年3月号
4) 片岡徳雄『子どもの感性を育む』日本放送出版協会，1990
5) 大田堯『学力とは何か』国土社，1969
6) 佐々木元禧編『到達度評価――その考え方と進め方――』明治図書，1979

第3章　教師像の探究

1　教師のしごと

(1)　教師に求められる多面的役割

　4月の新学期が始まった頃には，父母の間で担任教師の「あたり，はずれ」がしばしば話題にのぼる．親であれば誰でも自分の子どもは「良い先生」「教え方のうまい先生」「しっかりした先生」に教えてもらいたいと望むし，子ども自身も「良い先生好きな先生」に教わりたいと願っている．では，良い先生の資質，専門的力量とはどんな内容を言うのであろうか．

　学校教育の直接の担い手である教師の活動は，人間の心身の発達にかかわるものであり，幼児，児童，生徒，学生それぞれの発達段階における人格形成に大きな影響を及ぼす．

　古くから欧米においては「学校教育は教師次第」（As is the teather, so is the school）と言われ，わが国においても「教育は人にあり」と言われてきたように，学校教育の質を左右する重要な要因として教員の適性や能力がいつの時代も注視されてきた．世界の各国が教育改革に取り組んだ1970年代後半以降，先進諸国においては，共通して，急激な社会変化に伴う学校改革を迫られたが，いずれの国の場合も，改革の中心課題の一つは，教員の資質向上策に向けられていた．

　しかし，教師の職務内容や求められる資質，能力は，他の専門職と比べ，その範囲が広くかつ不明確である．極めて一般的には，教育者としての使命感をもち，人間の成長，発達についての深い理解があり，幼児，児童，生徒に対する教育的愛情，教科等に対する専門的知識，広く豊かな教養，そしてこれらを

基盤とした実践的指導力等……である．わが国では教師の日常は多忙を極め，その状況は年々厳しさを増している．

人間の成長・発達を促す教師のしごとは広範な領域にわたり，多面的役割が求められるが，それらを，思いつくままに列挙してみよう．

① カリキュラムと指導計画のデザイナーとしての役割——教師の指導活動は目標達成行動であるから，目標を設定し，目標を効果的に達成するための全体計画や個々の活動計画のデザイナーである．

② モデルとしての教師——教員志望の学生にその動機をたずねると，かつて教わった教師へのあこがれをあげるケースが多い．「あの先生のようになりたい」という児童生徒にとって教師は望ましいモデルなのである．「あんな先生にはなりたくない」（反面教師）というモデルの場合もある．児童生徒も学生も指導者をモデルとして成長していく．

③ インストラクターとしての教師——教科書に盛られた知識・技術の効果的でわかりやすい授業．教材研究の方法，指示，説明，発問，板書などの技術を身につけている．

④ ファシリテーター（促進者）としての教師——教師の指導活動には学習者の学びを支援するという役割がある．自発性，自主性をより尊重した指導である．学習を促す，励ます，見守る，待つ，意見を引き出すというかかわり方である．

⑤ 評価者としての教師——学習者の実態を的確に把握することが指導の前提となるから目標の達成状況をつねに評価し，学習者を励まし，指導の適否をチェックする．学期末毎の通知表の発行もその一つ．年度末には指導要録への記載というしごともある．

⑥ 学級経営者としての教師——学級は学習集団であると同時に生活集団であり，教師は学級づくりに力を注ぐ．教師と生徒との信頼関係，生徒同志の望ましい人間関係づくりは学級づくりの基本である．

⑦ 教育相談者（カウンセラー）としての教師——教師はカウンセリングの専

門家ではないが，友人関係のこと，進路に関することなどの相談相手となる．そのために，上手な聞（聴）き手であり，受容的な態度，共感的理解者であることが求められる．
⑧　授業の研究者，実践の探究者としての教師——教育の理論は実践から生み出されるものであるし，実践を通して既成の理論の吟味と再構築を図る．
⑨　児童生徒の健康，安全を管理・促進する——給食指導をはじめ，登下校時の安全，災害や不信者からの身の守り方を指導する．
⑩　学習環境のデザイナーとしての教師——教室内や学校環境のデザイナーとしての役割を担う．
⑪　父母や地域の人々との情報交換（学級通信，学校だよりなどの発行），連携・協力関係を図る．
⑫　校務分担組織（校務分掌）の担い手としての教師——クラブ活動や部活の顧問の役割では多くの時間を費やす．
⑬　職員会議をはじめとする各種会議への出席，校内研修会をはじめとするさまざまな研究会・研修会への参加．
⑭　雑務処理者としての教師——諸費用の徴収，教育委員会等への提出書類の作成．

このような職務をすべて完璧にやりとげられる教師は少ないであろう．にもかかわらずこれらの役割が期待される．そして，これらのしごとの多くは，どこまでやってもその上限（到達点）が見えない（無定量性）ところに教職の困難さがある．

2　子ども・青年の学習権・発達権を保障する教師の資質，能力

　人間，なかでも子ども・青年は，将来においてその人間性を十分に開花させるべく，自ら学習し，わかるように教えられ，真実を学び科学的知識を身につけ，自らを発達させることがその生来的権利なのである．日本国憲法の第26条

に掲げられた教育を受ける権利（学習の権利と発達の権利）は，子ども・青年が人間らしく生きていくための最も基本的な権利である．その保障は，親をはじめとする国民全体に課せられている責務である．教師は親ないし国民全体の教育要求を受けとめて，子どもの学習権・発達権を十分に保障する責務を負うのである．その責務の遂行にあたっては，教育者としての使命観，教育愛，広く豊かな教養，高度の専門的力量とそのための十分な訓練，修養が必要とされる．このような見地から教師に要求されるしごと及びそのための力量とは何かを検討してみよう．

(1) 対象を発達可能態としてとらえ，その最大限の開花を目指す

既述のように，人間は誰もが成長，発達の可能性を豊かに秘めており，その可能性を現実の能力に発達させ，自分を拡大し，変革していきたいという願いをもっている．なかでも，子ども・青年は，自分がかけがえのない存在として認められ，わかるように教えられ，まわりから大切にされたいという願いをもっている．教師は，そのしごとの遂行にあたって，なによりもまず，彼らを発達の可能態としてとらえ，人間としての願いや欲求を大切にすることがその基本になければならない．一人ひとりの子ども・青年とのかかわりを通して，そこに発達の可能性を見い出し，その可能性を最大限実現することを任務とする．

すべての人間がもって生まれた豊かな可能性を信じ，日々，学習という活動を通して自分を乗り越えるところに人間の本質があり，それを指導，支援するのが教師のしごとであり，教職の専門職性が依拠するところである．

(2) カリキュラム開発の能力

子どもの成長・発達にかかわる専門家としての教師に求められる資質・能力のなかで，中心になるのは学習指導と生徒指導の力量であるが，それらの前提にカリキュラムの開発・編成の作業がある．学校カリキュラムの編成，そのためのカリキュラム評価という作業は，多くの学校では個々の教師には関係のな

いところで行われていて，既存のカリキュラムに依拠して個々の指導案を作成することだけが任務のように受けとられがちである．拘束力が強化された学習指導要領とそれに基づく教科書の内容を順を追ってこなしていくというルーティン化した授業からは，児童生徒の成長・発達を促す実践を期待できないであろう．どのように教えるかだけでなく，何のために何を教えるかと問うところに教職の専門職性がある．

カリキュラムは既述のように，子どもの学びや人格にはたらきかけ，その生き方に影響を与えることを意図しているものであるが，同時に，また教師にとっては，自らの願いと教育的力量が表現されるものであり，自らを教育の専門家として成長させていく契機を含みもっている．

教師が学校カリキュラムの開発・編成とその評価にかかわるということは，日々の実践的営みを学校カリキュラムという視野から構造的に把握することを求め，教育活動の意味をより広い視野で意識化することを可能にする．換言すれば，学習者一人ひとりの学び（経験）を全体的で長期的・継続的にとらえていくことの重要性を認識することである．

(3) 教師は授業で勝負する

斎藤喜博（1970）は，教師が職業として担うべき中心的任務は授業であることを強調して，「教師は授業で勝負する」と述べた．

子どもをもつすべての親は，学校・教師に対して「わが子に確かな学力をつけて欲しい」と願う．学力形成を担う教師のしごとは主として教科教育であり，学習指導である．教科を教えるしごとは授業の形態をとるから，教師は授業（教授・学習活動）の法則や手順について知らねばならない．

まず，授業目標を設定し，子どもの発達状態や生活経験を事前に把握し（レディネスの把握），教科・教材と学習者との相互作用を予想して学習指導案を作成する．それを基に学習者にはたらきかけ，応答を受け，成果をチェックし，指導案を修正して次のステップに進む．これらすべての過程で教師の選択的判断が

はたらいており（教育的瞬間という表現が使われることがある），そこに教師の専門的力量が顕わになる．この繰り返しのなかで，教師は人類が歴史の過程で獲得してきた自然や社会や人間に関する科学的・芸術的な諸成果を教科・教材として子どもたちに獲得させ，人間的諸能力を発達させることを最大の任務とする．

ここで言う「教育的瞬間」とは，教授・学習過程の場面で，学習者のためになんらかの教育的はたらきかけをしなければならない一瞬をとっさに見極め，即座に対応するような高度な技であり，授業を成立させる本質的な要素である．

(4) 生徒指導（生活指導）で自己指導力を育てる

学校の教育目標を達成するうえで，学習指導と並んで重要な役を担っているものに生徒指導がある．生徒指導は一人ひとりの児童生徒の人格を尊重し，個性の伸長を図りながら社会的資質や行動力を高めることを目指して行われる教育活動である．そして，児童生徒自ら現在及び将来における自己実現を図っていくための自己指導力の育成（学びの自立）を目指すことを究極の目標にしている．

このような目標達成のために，日々の教育実践で留意すべき点として，児童生徒一人ひとりをかけがえのない存在として大切にかかわることを基本とし，自己存在感を育むようなかかわり方に配慮すること，共感的に理解し合う人間関係を育てること，できるだけ多くの自己決定の場を与えることなどがあげられる．

このように，生徒指導は児童生徒の人格形成に直接かかわる活動であり，一人ひとりの児童生徒が自己理解を深め，その心を開くような教師の対応が求められるのである．

子どもの学びと育ちを支えるものは，教師と生徒との信頼関係である．信頼関係とは，他者とかかわりをもつ時，その人が抱く安心感のことである．人が安心できると感じるのは，ありのままの自分でいられ，見かけを装う必要のない時である．個々の存在をありのままに認め，期待をかけ励ますような教師の

かかわりが，教育課程のすべての領域に，さらに学校教育のあらゆる場で求められる．

(5) **対象の実態を把握すること，理解すること**

　学習指導にせよ生徒指導にせよ，その前提となるものが，児童・生徒一人ひとり及び集団としての彼らを正しく知ることであり，理解していることである．一人ひとりの学力，性格，興味・関心，ものの観方・考え方，不安や悩みなどについて十分な把握が必要である．それは，対象へのよりよいかかわり方，個別的指導のあり方を見い出すためである．そして教師の生徒理解は，児童生徒の「自己理解」に導く（目的）ための手段でもあるからである．

　しかし，さまざまなデータに基づいて対象を「知る」ことは容易であっても，「理解する」ことは容易ではない．なぜなら，理解の対象は児童生徒の「心の内」（内面世界）であり，内面世界は目に見えないだけでなく，刻々変化するものだからである．さらに，相手理解という行為は，双方性という特徴をもち，その上相手をとりまく環境をも詳細に知る必要があるからである．

　ところで人間の心の内はさまざまな形で表出される．言語的表現だけでなく，多様な非言語的表現（視線，表情，動作，身振り，視線，手の動きなど）で示される．教師は鋭い感受性や判断力によって観察し，それらの表出・表現の意味を読み取り，相手の内面への理解を深め，心に寄り添うかかわりに配慮をしなければならない．

(6) **教師にとって評価とは何か**

　すべての実践（目的意識的な活動）に評価の行為は含まれている．教師の教育実践は「目標の設定―指導計画の作成―教授・学習活動―評価―調整（改善）」という一連のサイクルを繰り返すことで展開する．評価はこのサイクルの中に位置づけられるから，評価のない実践はありえない．評価への認識の深まりは，教育実践の反省の深まりとかかわり，実践の科学化，合理化，自律化とかかわ

り，ひいては学習者の発達保障にかかわるのである．

　教育評価という言葉からわれわれにまず意識されるのが，学習する側の学力，能力であり，指導活動の能力はあまり問題にされないという現実がある．このことが「教育評価」本来の意義を見失わせる要因になっている．

　教育評価は，児童生徒を「できたか，できなかったか」と値ぶみし，序列づけることではなくて，教師が設定した目標に向けた授業で，児童生徒に「わからせることができたか，できなかったか」を振り返り，どこでつまずいているかを的確に把握して授業改善への手掛かりを得ることが第一の目的である．

　ただ漫然と日々の実践活動を行うのではなく，指導という自らの行為を対象化して，自らの行為を過去と現在と未来をつなげてとらえていくこと，これが評価行為の自覚化の本質である．そして，教育の過程に内在する「評価」を自覚的に位置づけ，機能させなければ，教育活動に対する外からの枠づけが容易に入り込むことになり，教育実践の自律性を失いかねないのである．

(7) 教師は時代と文化の批判者であり創造者である

　現実の教育は，歴史的・社会的・文化的規定を強く受けて成立しているものであることは言うまでもない．指導対象の実態把握が教育的かかわりの前提であるが，子ども・青年の実態に強い影響力を与えているものが，子ども・青年をとりまく現代の社会と文化であり，そこから発せられるメッセージである．大人や教師の予測を超えた子ども・青年の変貌ぶりは，「いまどきの子どもは」とか「最近の若者は」といった嘆きの声として教育現場ではしばしば聞かれる．そこで，教師には，子ども・青年をとりまく時代と社会の動向，文化的状況を可能な限り的確に把握することが求められる．

　教科指導と生徒指導という活動を通して，教師は子ども・青年を文化の継承者たらしめ，同時に文化の創造者として育てるしごとに携わるのであるから，教師は社会と文化の理解者であると同時に批判者でなければならない．時代と社会と文化の継承者を育て，未来の創造者を育てる教師のしごとにとって，時

代と社会と文化の進むべき方向を洞察し,展望する能力が求められる.子ども・青年の学習する権利,発達する権利を保障するという観点から,現代社会と文化の在り方をつねに問う教師でなければならない.

(8) 教師は自由な専門職の人としての側面をもつ

　教師の活動はしばしば芸術活動との対比において語られる.すなわち,教師は一応教育の一般的原理や法則をふまえながらも,教科書に盛られた既成の知識や技術の単なる伝授や,指導技術の無批判的導入によって教育実践を進めていくのではない.現実の子どもを前にしての一つ一つのかかわりは,選択の自由に基づく創造的,個性的なものとして現れねばならない.なぜなら,学ぶ者一人ひとり知識,経験,感性,願いや欲求が異なるゆえ,指導目標や指導方法にも個別的配慮が必要なのである.マニュアル通りの指導では,よさや可能性を伸ばし,個性を育むことはできないからである.外的権威の排除,自律性の確保,画一性を排して多様性を尊重すること,探究的,創造的態度等,芸術活動に要求されるこのような特徴は,教師の教育的かかわりにも通ずるものがある.したがって,児童・生徒の発達可能性に働きかけ,発達を支援する教師は,真理の探究者,教育科学の探究者であると同時に,不当な外的圧力を排除した,自由な創造的実践者である.それゆえ,教師には,学問研究の自由と,教育実践の自由がつねに確保されていることが必要である.

　ILO—ユネスコの「教師の地位に関する勧告」でも,「教職者は専門的職務の遂行にあたって学問上の自由(academic freedom)を享受すべきである」(第61条)としている.

(9) 教師はつねに自己変革を求められる

　対象を発達可能態として把握することが教育的はたらきかけの前提であると述べたが,教師自身も人間としての発達途上にあり,人格形成の過程を歩んでいることを忘れてはならない.教師は対象にはたらきかけ,対象を変えると同

時に，自らも対象によって変えられること，つまり，人間的発達をとげるという構造をもっている．「教えることは教えられることである」ということばが，教育的かかわりの本質を言い表している．つまり，対象に教えられることのない（できない）教師には成長は望めないのである．

平凡な日々の授業から，その振り返りを通してつねに新しい意味を見い出すことのできる教師，児童・生徒の言動に絶えず耳を傾け，彼らの思いや願いに応えることのできる教師は「良い教師」の条件である．

教育実践は，ある完成した人間（教師）が，未熟で未完成の人間（子ども・青年）に何かを教えてやるといった一方的で平板な関係ではなく，両者は相互作用を繰り返しながら人間的発達を同時に目指していく活動である．教師は最初から教師であるのではなく，対象とのかかわりとそのかかわりの振り返り，省察（リフレクション）のなかで「日々教師になる」存在なのである．

(10) 教育的かかわりの根底にあるもの

教師の教育的かかわりの基本的な特徴を以上のように整理してみたが，これらすべてを貫いて，教師には，人間の尊厳への深い自覚，成長・発達の途上にある子ども・青年に対する愛（教育愛），人間の本質そのものに対する深い理解と愛（人間愛）が求められる．教育愛，人間愛を基礎にした教師と被教育者との人間関係（教育的関係）において初めて教師の正しい「権威」が生まれ，尊敬と権威に支えられた教育的かかわりが成立する．

3 厳しい教職の現実

わが国の教師の日常は，多忙を極め，過重労働に疲弊してバーンアウト（burn out）症候群に陥っているという指摘は，もはや誰の目にも明らかとなっている．

バーンアウトとは，油布佐和子（2003年）によれば「心身が疲弊し，働く意欲を失い，無力感に陥り，しばしば情緒的にも不安定になる．表情が暗くなり，同僚との会話も少なくなるし，ときにはウツ状態にもなる．このような一連の

身体的，精神的，情緒的ストレス症候群」と説明されている[1]．しかも，理念に燃え，しごと熱心でまじめな教師ほど陥り易いと言われ，ベテランの教師に多いとされる．

バーンアウトは1970年代半ばから，アメリカを中心に研究されてきているが，看護師など対人サービスに従事する専門職の職業病とも言われる．常に相手に献身的に温かく接し，反面，専門的な知識や技能，冷静で客観的な態度が要求されるような職業に携わる人たちに多いとされる．

日本の教師のバーンアウトの背景は，既述のように，教職に求められている際限のない広範囲のしごと，それに加え，いじめ，不登校，校内暴力，小学校低学年にまで広まっている学級崩壊，保護者からの理不尽で無理解とも思えるような要求（モンスターペアレントなどと表現される）などがあり，多忙と過労の日常化である．

教職は，しごとの効果の曖昧さから無定量性を特徴とする．いくら頑張ってもやりがいが見えない．そのうえ，上からの一方的な教育改革が次々に打ち出され，その対応に翻弄される．

わが国の教師の多忙と過労の状況は，戦後繰り返し報告されてきているし，教員の身分に関する改善も運動も展開されてきたが，80年代になってからのバーンアウトは，臨時教育審議会答申に基づく改革が進むなかで，教員に対する管理・統制が強められるようになって起こってきていることに注目せねばならない．

この章で触れた「教育は人にあり」という表現が，教育問題の成否を教師個人に求め，ひたすら教師の能力・資質向上策に教育改革を焦点化するのであれば問題の解決にはならないであろう．学校規模，学級規模の適正化（30人学級の実現），教員の採用や配置の改善，学習指導要領の拘束力の緩和など，日本の教師には「教育の自由度」と「ゆとり」が必要なのである．非正規教員の苛酷な勤務の実態は，これまで繰り返し指摘されており，早急に改善が必要なのである．そのうえで，きめ細やかなメンタル・ヘルスシステムを確立することが

求められよう．

4　教師の研修

(1)　研修の意義

　教員には，教育の理論や実践，子どもの心理や心身の発達，教える内容・方法，子どもの生活や生き方の指導などについての専門的な知識や技能が求められ，人間の尊厳への深い自覚，人間として市民としての教養が求められる．このような教師のしごとを遂行するために，不断の「研修」（真理の探究を目的とする「研究」と人格的な力量を高める「修養」を統一した用語）が不可欠となる．

　教師は教育的力量を高めるために，教育科学についての自主的・自発的研究と，自らの人格を高めていくための修養とを不断に展開することが必要であり，またそのことが制度的に保障されねばならない．教育活動にかかわる文化・社会の変化，教育科学の高度化・多様化，子どもの発達をめぐる諸条件の変化等に対応して，研修により指導能力（教科・教材の研究，指導技術，評価の方法等）を高めていくことが求められる．研修に類似した用語として現職教育（in-service education for teachers）があり，広義にはほぼ同じ意味であるとみてよいが，研修は，より主体的・自主的で，インフォーマルな学習活動とされる．いずれにしても，指導の場で直面する問題をより教育的に解決していく力量を高め，いかにして児童・生徒の学習権を保障しうるかという熱意に裏づけられたものである．

　研修の方法としては，自己研修，校内研修，学校間の共同研修，行政サービスによる研修，職能人としての自由な研究関心に基づく自主的研究会や研究サークルなどによる研修，内地留学や大学における研修等があげられる．

　業務の遂行に際して，自己決定の能力をもつ自由な専門職の人であるために，教師は多くの同僚教師との自発的な研究交流を必要とし，自らの実践を対象化してその教育の科学性を検討する機会をつねにもつ必要がある．

(2) 研修の制度的保障

　研修は教師にとって必要であると同時に権利なのであり，その権利は制度的に保障されねばならない．教育行政当局は，それを奨励し，支援するための研修条件を十分に整える責任がある．

　教師の研修の要求に対して現行法では，次のような基準が設定されている．研修の間接法としては憲法23条・26条，教育基本法２条・６条２項・９条，学校教育法28条４項等をあげることができ，より直接的規定として，教育公務員特例法第21条，22条があげられる．同法21条では，「教育公務員はその職責を遂行するために絶えず研究と修養に努めなければならない」として研修を義務づけ，21条２項で，行政側（任命権者）は研修に必要な施設，研修を奨励するための方法，研修に関する計画をたてその実施に努めるべきこと等，研修の条件整備義務を定めている．また同法22条１項では，教師の自主的研修の機会が積極的に保障されるべきこと，２項では，教員のしごとの中心は授業であるが，授業に支障のない限り勤務時間内に校外での自主的研修が可能であること，３項では，現職のまま長期研修の機会が保障されること等が定められている．

5　教師として成長するための授業研究

(1) 授業リフレクションによる力量形成

　ショーン（Schön, D. 1983）により「反省的実践家」（reflective practitioner）[2)]としての教師像が提起されてから，同僚教師との授業リフレクションにより力量向上を図る試みが注目されてきた．

　教師の学びを支える中心概念としてのリフレクション（reflection）とは「振り返る」「振り返って深く考える」「熟慮」「省察」といった意味である．ショーンによれば，反省的実践家はその実践において「行為におけるリフレクション」（reflection in action）と「個々の行為についてのリフレクション」（reflection on action）を行っており，前者は実践の最中に経験で培った暗黙知を駆使しながら，問題の本質及び解決方法を瞬時に明らかにして対処する思考方法であり，後者

は実践後に自己の取り組みについて振り返り，個別の具体的状況における実践知を明らかにし，言語化して，類似した状況に遭遇した時どのように行動したらよいかという課題を明らかにすることができる．

一つの授業をめぐり，同僚との協同のもとに，自分の授業実践中の思考や意識，感情など，自分の体験を自分の言葉で記述し，語り，再構成して経験の意味づけをする．そして，「もっと他の教育的かかわりがあり得たのではないか」「もっと別のことが起こっていたのではないか」など実践の多様性に気づいたりして，その後のより良い実践を導く可能性を開いていくことができる[3]．

「ふり返り」「反省的思考」によってメタ認知的に自らの授業方法を検討し，子どもの学びを支える教師のかかわり方の意味を明らかにすることができる．個々の教師が一人では気づけなかった新しい見方や考え方を自己と他者の視点を交流させながら協同で省察を行うという授業研究である．

(2) 評価行為の自覚化による授業力の向上

教師の指導力向上を図るうえで最も効果的で確実な方法は教師の評価行為の自覚化による授業改善にある．

教育実践は一定の目標に基づいて行われる目標追求行動であるから，どの程度目標が達成されているかを絶えず点検し，指導活動全体を調整していかなければならない．単元や授業のスタート時点での診断的評価，進行途中での形成的評価，終了時点での総括的評価の実施など，授業過程と評価活動とは密接にかかわっている．

このように評価の行為は一連の教育実践の全過程に内在しており，評価への認識の深まりは教育実践の点検反省の深まりとかかわり，実践の科学化合理化とかかわり，子どもの発達保障にかかわるのであって，評価行為の自覚化（指導と評価の一体化を図ること）は教師にとって重要な能力，資質である．特に，展開途上での形成的評価の結果情報によってどのような教育的決定がなされるかは，教師の教育的力量が問われるところとなる．到達目標の結果情報を直ちに

教授活動にフィードバックさせ，つまずきや遅れが見られる時には，回復処置を授業の中に組み入れ，教材の吟味と指導方法を調整する．また，総括的評価によって目標未達成の場合は，目標の見直しと指導計画の再構成を行い，再度指導とその点検・評価を行うことになる．つまずきや誤答は，授業改善のための貴重な情報を子どもが提供してくれているのである．

　教師にとって，教育評価の役割は，子どもを見る目をより確かで豊かなものにしてくれることであり，子どもの学びをより深く理解する力を養うことである．

参考文献
1）油布佐和子編『教師の現在・教職の未来』教育出版，1999
2）D. ショーン，佐藤学・秋田喜代美訳『専門家の知恵　反省的実践家は行為しながら考える』ゆるみ出版，2003
3）グレッグ美鈴・池田悦子編『看護教育学』南江堂，2009

第4章　教育が目指すもの
——理想的人間像を探る

1　教育の理念，目的，目標の機能

① ある時代や社会やそこに住む人々が，教育という営みの理想（理念）としたものを，われわれは「教育理想」ないし「理想的人間像」と呼んでいる．理想的人間像には，その時代その社会に固有の世界観，人間観が色濃く反映されており，歴史的，社会的規定を強く受けている．わが国における現代の家庭教育，学校教育，社会教育をはじめとする教育の営みを根底において規定している理念が，日本国憲法（26条）と教育基本法（第一条）である．戦後改革の支柱として制定された日本国憲法は，国民主権，恒久平和，基本的人権の三原則を掲げるとともに「教育は国民の権利」であることを明確にして，「すべての国民は法律の定めるところにより，その能力に応じてひとしく教育を受ける権利を有する」（26条）と宣言した．

憲法の理念にそって制定された教育基本法（1947年制定）は，新しい教育の目的をその第1条で明確にしている．そこでは，教育の目的を「人格の完成」した国民の育成であると宣言し，その国民の資質を具体的に「平和的な国家及び社会の形成者」，「真理と正義を愛し」，「個人の価値をたっとび」，「勤労と責任を重んじ」，「自主的精神に充ちた」，「心身ともに健康な国民」であると定めている．

② 教育実践は，目的意識的な営みである．実践の主体が実現しようと意図するのを，われわれは「目的」（aims）とか「目標」（goals, objects）あるいは「ねらい」とか「目当て」という．学校の正面玄関には「本校の目標」が掲げられ，各教室の正面の壁には「期待される子ども像」が掲げられて

いる．

　学校という機関で実施されている教育は，典型的な意図的教育であるから，そこには必ずなんらかの目的（目標）が存在している．その目的（目標）に基づいて，学校におけるあらゆる活動が展開され，活動の結果が評価される基準ともなるという役割をもっている．それは，学習者に学習の目安を与え励ますものとして，また，教育実践者に実践の目指すところと意欲を呼びおこし，教育内容や教材が選択され組織される基準として機能する．さらに，地域や社会や国家の存立と発展の方向を示すものでもある．このように，教育目的（目標）はすべての教育活動——教育行政，制度，学校の管理・経営，教育課程，教授・学習過程，生活指導，評価等——を規制し方向づける価値基準である．したがって教育目的が誰によって，なんのために，どのような手続きを踏んで，どんな内容と性格をもったものとして設定されるかということは，極めて重要な意味をもっている．

　③　学校教育で使用される目的，目標にはいくつかのレベルがある．

　わが国の公教育の場合，学校種別では，「目的」と「目標」が使用され，学年，教科，教材や授業のレベルでは「目標」が用いられている．目的と目標ということばは必ずしも明確に使いわけられているわけではないが，およそ次のような相違は指摘できる．

　教育の「目的」を実現するための手段として，順次に達成すべき目当てが「目標」である．「目的」は方向性を強く意味し，一般的で全体的，究極的な価値を表現している．これに対し「目標」は里程を強く含意し，個別的（特殊的），部分的で段階的な価値を表現している．「目的」はねらいそのもの，価値ある目当てそのものを指し，「目標」はその価値に至る道程を指すものである．

　④　わが国の現行法規では，公教育の基本的あり方を示す「教育の目的」は「教育基本法」（2006年改訂）第一条に明記されており，第二条には五つの教育目標を掲げている．

　教育基本法に示された教育の目的と目標を具体化するものとして，「学校教

育法」では，各階梯の「学校の目的」を定めている．さらに，この目的を実現するために達成さるべき複数の目標を具体的に示している．各教科等の目標は学校教育法施行規則と学習指導要領で規定している．

2　人間的能力のとらえ方

　教育的かかわりとは，既述のように，人類が歴史の過程で蓄積してきた文化的達成を子ども・青年が一つ一つ学習し，人間的能力の最大限の発達（教育的価値）を実現することを目指して教師が指導・支援する行為である．

　ところで，人間的能力とは何かについては，これまで，その意味内容を明らかにしないまま使用してきている．

　①　人間的能力とは，社会的に意味のある要求や課題を果たすために（目的意識的），何らかの活動を遂行できる実践的力のことである．

　このような能力はそれぞれの個人に生得的なものでなく，出生後に，自然，人間，社会等の対象への能動的はたらきかけ（接触，交流，交通，遊び，学習，労働）とその指導・支援によって獲得されるものである．なかでも学習活動の役割は大きい．また，人間的能力は，その内容においても形成過程においても社会的規定を強く受けている．勝田（1964）は，「能力は，社会的な必要とのかかわりで評価される．その評価及び必要が人間に一定の能力を育てるのだ」と指摘するゆえんである．

　ところで，人間の能力を全体的，構造的に把握することは，教育や発達を考えていく際重要である．たとえば，知的・身体的・美的・道徳的能力とか，真・善・美・聖といった分類の仕方はしばしば用いられてきたし，その全面的で，調和的な発達は教育の目的ともされてきた．

　②　勝田は,人間の能力を「認識の能力」「感応と表現の能力」「労働の能力」「社会的能力」の四つのカテゴリーでとらえており，これらの能力の土台となり基礎となるものとして，「運動の能力」と「言語能力」をあげている（図4-1）．

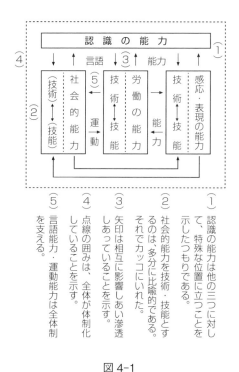

図 4-1

　そして，これらの能力が，相互に有機的に関連し合い，規制し合いながら個人の生きた人格として体制化され，練り合わされて人間の能力は実現するものととらえている．

　「認識の能力」は，自然や社会についての知的能力であり，科学的能力であって，他の領域での形成と発展にとって，特別重要な位置を占めている．認識の能力は，科学的知識の体系の習得だけでなく，科学的思考，科学的実践という，科学を生み出し，発展させる活動を中心に含むものとしてとらえられる．学校教育は，文化遺産の伝達を介在させることにおいて，この能力の形成に中心的位置を与え，その具体的達成を意図的，計画的，組織的に行う．

　「言語能力」は，人間の認識と思考と集団的コミュニケーションを可能にする基礎的能力であり，「運動能力」は，身体的諸器官の活動の能力であって，

人間的なあらゆる能力の発現の生理的土台であり媒介となるものである．したがって，「言語能力」と「身体的能力」は，とりわけ子どもの人間的発達の保障としての教育の面で，特に配慮されねばならないものである．

3　学力・基礎学力のとらえ方

① 子どもをもつすべての親は，学校・教師に対して「わが子に確かな学力をつけて欲しい」と願う．教師も学力向上を目指した授業づくりに力を注ぎ，行政側も「学力一斉テスト」を繰り返して，学力の実態把握に力を注ぐ．しかし，そこでの学力が，受験学力に矮小化されていたり，他人との競争に勝ち抜くための学力であったりして，学力の内容よりも点数による序列化に焦点が当てられていることがしばしばである．

学力の概念は論者によってまちまちであるし，一義的に規定する教育学的コンセンサスがあるとは言えないが，一般には，学校での教授・学習活動によって児童・生徒が獲得した（認識を中心とした）能力を指して使用される．

基礎学力は，学力のなかの基礎的部分であるが，「基礎」が，具体的に何を指すかについては，さまざまな立場がある．第一は，読み・書き・計算の三つの能力（スリーアールズ・3R's）と考える立場である．第二は，どの教科にも，その後の学習に必要とされる基礎的知識・技能があると考えて，それぞれの教科の学習で必要とされる基礎的知識・技能を基礎学力と考える立場であるが，今日，基礎学力低下を問題にするとき，主に読み・書き・計算を指すことが多い．

② 戦後，新教育が出発して間もない1948，49年に学力，基礎学力低下を指摘する声が多くの人々から起こった．1950年前後には，とりわけ，問題にされた読み・書き・計算の学力を中心に多くの学力調査が実施され，学力の低下は否定しがたい事実として一般に認められるようになった．生活経験カリキュラムや生活単元学習の広範な採用がその原因として批判された．しかし，コア・カリキュラム連盟に結集して「新教育」を推進した人々からは，読み・書き・計算の学力低下をもって「基礎学力」の低下，さら

に学力の低下と考えてよいのか，学力観そのものが新しくなったのであり，「生きてはたらく学力」「問題解決能力」「社会生活への適応力」こそ望ましい学力なのだ，といった反論も出されて学力論議は盛り上がった．

③　戦後の学力論議のなかで論点としては「関心・意欲・態度」といった能力を学力に含めるか，これを排除するかが，中心的な課題の一つとなっていた．前者は，主体的・実践的な問題解決能力の育成こそ大切であると考えて，学力の中核に意欲・態度など情意的側面をすえる立場であり，後者は認知的側面に学力を限定し，客観的な知識や概念の獲得を重視し，教科内容の科学化，系統化を強調する立場である．

70年代の学力論議のなかで，後者の立場からは次のような定義が生み出されている[2]．「学力とは成果が計測可能でだれにでも分かち伝えることができるよう，組織された教育内容を学習して到達した能力である」

この規定及び論議の過程から，学力とは，次のようにとらえることができる．

a　人間が歴史的・社会的に獲得してきた，客観的で普遍的な文化的価値の体系をその内容としてもつということ，したがって，「態度・関心」のような心理的特性は，この学力概念に含まないことを示している．

b　学力は，生得的能力でないことはもちろんであるが，たんなる経験の積み重ねや，自然成長的なものでなく，意識的な学習活動と計画的で系統的な指導によって獲得されたものである．

c　学力は人間的能力の範疇に属するものであり，その基礎的部分であるが，能力一般ではなく，計画的で，系統的でしかも集中的な学習によって達成されるものである．

d　計測・測定の意味を問うことで，テストや評価の本来的意味を明らかにし，学力を授業における評価の問題に具体化してとらえることを提起することになった．

このような学力は，人格に内包されて「生きてはたらく」能力となるものでなければならない．そのために，学力と人格との統一的形成が実践上の課題と

なる.

④　1990年代に入って「新しい学力観」が教育関係者の間で口にされるようになった．1989（平成元）年に改訂された小・中学校の学習指導要領の総則では「自ら学ぶ意欲と社会の変化に主体的に対応できる能力の育成を図る」ことが強調された．ここに示された「自ら学ぶ意欲」を強調する学力観が，一般に「新しい学力観」と呼ばれている．そして，その学力観は1991年改訂の指導要録の「観点別学習状況」欄の観点の立て方に端的に示されている．つまり，従来，最上位に掲げられていた「知識・理解」は最下位におかれ，「関心・意欲・態度」「思考・判断」「表現・技能」「知識・理解」の順となっている．新学習指導要領では，このように，情意領域を学力の重要な要素として示したのである．この学力観は1998年改訂の学習指導要領及び2000年改訂の指導要録でも，またその後の改訂でも引き継がれている．

4　人格の形成

①　教育という営みが，一人ひとりの人間の「人格の完成」を目指すものであることは教育基本法(第一条)にも規定されているとおりである．しかし，教育における基本的概念としての「人格」ということばは，学力や能力ということばと同様，多様に解釈されてきた．「あの人は人格者だ」とか「子どもの人格を尊重して」という表現のように，人格の内容が人柄や性格であったり，自主性や主体性であったりする．その結果，人格形成という教育実践における主要課題があいまいにされるという危険性がある．

人格とは，個人の人間的諸能力の発達の過程で，その能力の主体的発揮のなかでつくり出す自己の人間像の全体，または人間としてのありようと言える．そして，人格は発達の主体であり，人格の内包が人間的諸能力である．人格は既述の四つの能力と二つの基底的能力が，生きた人間の実践力として統合された姿であるから，人格の形成は，一人ひとりの人間の意識的な能力の形成と切

り離しては考えられない．

また，教育基本法（第一条）でも示されている「人格の完成」とは，斎藤（1985）によれば「自己の人間的能力の最大限の豊かな実現の過程でつねに追求されていく『よりねうちのある豊かな人間らしい生き方』の探究と深化の過程」であると説かれる．[3]

② 発達の主体である人格の形成過程は，感情―意欲の系（人と人とのかかわりの系）と，認識―操作の系（人とモノとのかかわりの系）との二つの過程が相互に関係し（どちらかが主導的系となるのであるが）統一された過程である．人格の発達の過程は，認識の過程としてだけでなく，情意面の過程をも含めてとらえていくことが必要である．

ものごとを認識することと生きがいをつくり出すことが，全体として統一される過程が，人格の発達過程なのである．したがって人格の完成を目指す学校教育を構想する場合，その教育課程の構造は，人類が築いてきた文化遺産を獲得し受け継いでいく側面（認識の組織化）と，人間としての生き方や生きる見通しや価値観を育てていく側面（集団的組織化）との，相互連関的な過程の統一を保障していくものとして捉えられねばならない．

学力との関係で見ると，学力の形成はつねに人格形成へと収斂されされていくものととらえる．換言すれば，教科教育によって学力を獲得する過程が，仲間との間で互いに励まし合い，高め合い，人間的連帯を築きあげる過程となることであり，学力を高めることが，より人間としてふさわしい生き方を導くことになるような両者の結びつきが求められるのである．私たちは，そのような結びつきを可能にする教育方法論の構築と実践を探究するのである．

5 個性のとらえ方と教育

「個性豊かな子ども」を育てるとか，「個性尊重」の教育といった場合，育てられ，尊重されるべき個性の概念や本質の把握の仕方，個性成立条件や形成過程のとらえ方の相違によって，そこに展開される教育実践は異なったものとなる．

一般に個性（individuality）とは，個人のもつ独自性，他の個人との差異性の側面に着目した概念として理解されており，人格構造の個人的特殊性のことである．個性（in-dividum）という用語が示しているように，分割（divide）できない（in）存在，つまりそれ自身によって自ら統一している主体性，全体性という意であり，このような主体であることが，個性をもつということである．それゆえ，優劣，上下，強弱といった一面的尺度で測定され，種別化される量的差のみを意味しない．また，単に知的側面のみに限定した個人の独自性を意味するのではなく，認識，情緒，意志，徳性，興味，行動様式等，人格全体との関連のなかで考察されねばならない概念である．

① 個性を先天的・固定的にとらえずに，形成的・発展的にとらえることが必要である．

　素質的なものがかかわるとしても，それが決定的意味をもつのではなく児童生徒の欲求の達成あるいは失敗の過程で，つまり学習の積み重ねによってその子なりの感じ方，考え方，行動の仕方，さらに学習スタイル等を形成していくのである．その際，子どもの能力について発達論的観点を欠いている場合，学力の個人差＝個性としてとらえ，個性尊重の教育の名によって学力格差を一層拡大，固定化する実践をもたらしかねないのである．個人差を無視した画一的指導は肯定し得ないが，学力差に基づく学級編制や指導の個別化という実践にあたっては，すべての子どもを共通の学力水準にまで到達させる手だてを追い求めることは不可欠なのである．

② 個性が個性として発揮され伸ばされるのは社会的集団において，つまり人間の共同と連帯の中においてである．

　目的概念としても，方法概念としても，個性は仲間・集団を離れては意味をもたない．個性が育つのは，人間の尊厳についての基本的認識を前提に，多様な能力をもつ集団の中で，共通の目標に向けて協力し合ったり，意見を交換し合ったりする過程においてである．

　学級一斉授業が画一教育の元凶であり，個性化を阻んでいるという指摘は多

い．しかし個人差が多様であることが，ただちに教授や学習を個別化し，集団を等質化することが教育的に正しい対応であるということにはならない．適正規模の学級での個人差は，学習集団を豊かにし，個々人が集団の中でかけがえのない固有の役割を自覚し，それを遂行することで自己実現が図られること（個性化）は多くの実践例が示すところである．

③　個性的なものは普遍的なものとの関連においてのみ存在し得るのである．個性とは単に風変わり，新奇さではなく，普遍的なものを内に含むことを重要な条件としている．このことは，各人を人格の主体たらしめるのに不可欠な国民的教養の基礎・基本が十分習得され，人間の普遍的な能力の個性的実現を目指す発展的力をつけ，その実現を権利としてとらえる主体を育てていくという課題となる．

これを教育課程編成のレベルでみると，教育内容の基礎・基本と発展性とのかねあい，共通必修と選択，教養と専門との組み合わせの課題であり，統一と分化とのバランスの課題である．

6　学力と人格との統一的形成を目指す

現代の学校教育は，学力と人格の統一的形成をその任務としている．しかし，学力が必ずしも人格発達に結びついていないという現実がある．たとえば，学ぶことと人間として生きることとが乖離しているという事実，学んだことが日常生活に生かされないという事実，また，学力が受験のための学力に矮小化されているという事実が，この任務を一層重要なものとしている．これを次のような二つの課題として考えてみよう．

①　**人間的成長の土台をつくる**

子どもが真にものが「わかる」ことの基本には，五感を通して，自らありのままの事物や仲間に触れ，それに能動的にはたらきかけ，その事物からはたらきかけられるという相互交流のなかで発達の土台が培われる．子どもの側に能動的で主体的に生活をつくり出す意欲が希薄であったり欠けているところで

は，知識や技術の習得を人格形成に結びつけることはできない．

　野山や戸外の空き地で遊びに興ずるなかで，五感を駆使した自然への確かな認識が形成され，仲間集団のなかで助け，助けられ，教え，教えられる経験が積み重ねられて，人間形成の土台が培われる．家でのしごと（手伝い）に参加するなかで，親兄弟などの役割への理解と自分の存在意義への認識を深める．このような生活経験の豊かな蓄積が，学力や学習意欲の不可欠な前提をつくっている．

　子どもたちの人間的成長の土台となり，教科学習や教科外活動を支える原点ともなる，このような自然や社会にかかわる豊かな直接体験を，どこでどのように保障するのかということは，現代の教育方法にとって重要な課題である．

　② ものをつくる技術と教育との結びつき

　ルソー（Rousseau, J. J. 1712～1778）やペスタロッチ（Pestalozzie, J. H.）をはじめ，ケルシェンシュタイナー（Kerschensteiner, G. 1854～1932）やデューイ（Dewey, J. 1859～1952），クルプスカヤ（Krupskaya, N. K. 1869～1939）はいずれも，人間生活の基礎である生産労働と教育の結合の問題を人間形成の本質にかかわるものとして取り上げた．現行の教科組織には，子どもの発達にとって重要なはたらきをもつ生産技術や労働を内容とする教科が正しく位置づけられていない．しかも教育課程の編成に際して，このことが自覚的に論議の対象にされていない．現行の教科組織では，小学校には図画工作が，中学校に技術・家庭があるのみで，さらに高校の普通科教育として課すべき技術や生産労働に感ずる教科・科目が存在しない．近年推進されるようになったキャリア教育でも，その内容は生産活動とは異なっている．

　今日，人格形成にとって必要なものは，頭と手を使って物事を確かめ，仲間と協同して物をつくり出す活動に参加すること，道具や機械を使ってさまざまな材料をとり扱い加工する活動である．このような活動は，他の教科の学習と相まって，子ども・青年の感覚能力を発達させ，物事に対する感覚と認識能力を強化する．共同作業は集団で労働することの喜びを体験させることができる．

このような活動のカリキュラム化は，今日最も重要な課題の一つである．その意味で，1989年から小学校低学年に導入された生活科，さらに1998年改訂の学習指導要領で創設された「総合的な学習の時間」への期待は大きいものがあった．

7　教育から自己教育へ（自立的な学習者を育てる）

　教師の役割は，指導，支援という営みを通して学習者が教師をもはや必要としなくなるところまで指導することにあると言われる．教師がいなくても児童生徒が生活・学習できるところまで，教え，訓練し「学びの自立」を図らねばならない．教師によって，またその学校での教育によって教えられ育まれたものを基盤にして，自分自身でさらに学習を深め個性的自己形成に向けた可能性を広めていけるようにするところに，教師，学校教育の成否の鍵がある．しかし，家庭における過保護，過干渉のもとで，子どもは自主性の発達や自我の確立を阻害され，学校での指導過剰のもとで「指示待ち人間」となる傾向が強い．そうした状況をふまえると，一人ひとりの学習者が，自己教育の構えをもち，自己教育の力を身につけ，自ら進んで学習するような方向に育っていくこと（学びの自立）は，教育における本来的なねらいである．特に，生涯学習社会における学校教育の基本的在り方である．

　「学ぶ」という行為は，青少年期の学校教育で完結するのではなく，生涯にわたって行われる．したがって，学校教育の役割は，基礎・基本の徹底と，学習課題を自ら設定し，自ら解決する方法を学ぶことである．学校は，一定の知識・技術を一方的に詰め込む場ではなく「学び方を学ぶ」場であることが要請される．社会の変化に主体的に対応できる能力や創造性の基礎を培うことを重視するとともに，各個人が自らを教育していく「自己教育力」（学びの自立）を身につけることが最も重視される（第6章の2参照）．学力も，知識の量を重視した学力観ではなく，「自ら学ぶ意欲」を中心にした学力観を強調することになる．

当然のことながら教師の役割も変わる．既成の知識や技術を教え込むこと，明確な指示を出すことは最小限にとどめ，問題解決の思考を鼓舞すること，探究活動の助言者となることに求められる．教師は「教える人」から「学習を支援する人」になる．

このような自己指導能力，主体的に学ぶ態度を養うということは，教育という営みの本来の願いであり，目的であるが，なかでも，生涯にわたり，自らの専門職としての資質・能力の向上のために学び続けねばならない教師や看護師にとっては，一層重要なのである．

8　教育課題としての「全面的で最大限の発達」

今日，教育という営みは人間的能力の最大限の発達（＝教育的価値）を目指す．すでに能力の項（53頁）で述べたように，教育，特に学校教育は，四つの領域の人間的能力と二つの基底的能力を最大限に発達させることを，その固有の価値課題としなければならない．

① 　人間の発達あるいは形成の理想を，知的にも，身体的にも道徳的にも，また美的にも調和のとれた人間に求めた教育思想は，教育史を見ると古くから存在した．古代ギリシャのアテネの自由民（貴族階級）は，肉体の美と精神の美の調和のとれた人間（カロカガトス）の形成を理想像として描いた．ルソーは，「農民のように働き，哲学者のように考える人間」を求めた．ペスタロッチ（Pestalozzie J. H., 1746〜1827）も，よく知られているように，人間性の根本として，道徳的・宗教的心情（heart），知的な頭脳（head），身体的・技能的な手（hand）が，心情を中心に調和し，均整がとれて発達した状態を教育の理想と考えた．

② 　わが国の場合で見ると，戦前の公教育においては，富国強兵策を担う「臣民的人間像」の形成を最高目標としており，第二次大戦終了まで，あらゆる教育の場に君臨して絶大な影響力をもった「教育勅語」の理念は，個人の自由と尊厳と基本的人権を否定するものであり，普遍的根拠に欠ける教

育目的であった．

戦後の教育改革のなかで，教育勅語に代表されるような教育目的や教育のあり方への批判と反省をふまえて，すべての国民が教育を受け人間として発達することを「基本的権利」としてとらえる教育観（憲法第26条規定）が登場した．そして，1947年制定の教育基本法第一条（教育の目的）の規定に盛り込まれている教育の民主主義的原則は，今日における全面的発達という教育課題を実現していく指標であった．すなわち第一条に掲げられた「人格の完成」とは，個人の価値と尊厳との認識に基づき，人間の具えるあらゆる能力を，できる限り，しかも調和的に発展させることである．[4] この考え方は，いわゆる人間諸能力の全面的発達論もしくは多面的発達論である．これらの発達概念は，教育思想的に言えば，先にあげたルソーやペスタロッチをはじめとする近代以降の人間教育の思想と結びついて歴史的に形成されてきたものである．

なお，教育基本法は，成立当初の崇高な理念がやや薄らいで2006年に改訂されている．

③ 子ども・青年をとりまく今日的状況のなかでは，人間的能力の形成が一面的で，局部的な発達にとどめられる危険性が高い．すべての領域での能力の発達観を，一人ひとりの人間の人格の中に最大限に実現することを目指した全面的発達という概念を，現代の教育の目的概念として再確認し，追求する必要があろう．子ども・青年の人間的能力の全面的で最大限の発達の保障とは，必ずしもどの子どもにも同じような内容・水準の発達を実現するということではなく，個性豊かな多様な発達を，可能な限り追求し実現していくということである．

それは，自らのありようを，自らの主体的判断で選びとっていける，民主的社会の主権者の育成ということである．その主権者の内包は，先に検討した人間的諸能力であり，教育基本法の目的規定に示されている資質である．そしてこのような教育的価値課題を実現するために，教育の内容，方法，制度，行政の全面のわたって，また家庭，学校，地域，社会のあらゆる場面で，その実現

に向けた努力が求められている.

参考文献
1) 勝田守一『能力と発達と学習』国土社,1964
2) 鈴木秀一・藤岡信勝「今日の学力論における二,三の問題」『科学と思想』16号,1975
3) 斎藤浩志「人間の発達とは何か」『教育実践事典・1』労働旬報社,1985
4) 文部省訓令「教育基本法制定の要旨」1947

第5章　学びの主体を育てる学習指導

1　授業の基本的性格

　学力の形成は各教科によって追求される課題であり，その意味で「授業」という実践過程は，学校教育の中核的な位置を占めている．授業は，教師が児童生徒の学びと育ちの姿（実態）を把握し，教育目標を立て，目標にそって教材を選び，その教材をもとに学習指導案をつくり，授業を実施し，その過程や結果を評価して省察（振り返り）をするという一連のサイクルのもとに成り立っている．授業目標を設定する前提には，前回授業の評価情報をはじめとする児童生徒の実態把握と振り返りがあるはずである．このような授業実践が児童生徒に学力を育て，人格を形成する力をもっている．

　極めて一般的にみれば，授業とは，カリキュラム（教育課程）と年間指導計画，単元指導計画を前提とした一定の時間割に従い，ある決められた学級で，教師と児童・生徒（集団）とが，一定の教科・教材を媒介として，はたらきかけ合う活動（相互作用）として進められる目標達成行動である．その過程で一人ひとりの児童生徒が何を学び，どう育ったか，どう自分を変えることができたかを実感できるようになること（学びの主体として育つこと）が，授業の良否を判断する指標となる．次に，授業の基本的特徴をあげてみよう．

(1) **教授・学習過程**

　授業は，教師，児童生徒，教材の三つの要素が複雑な相互規定関係，対立関係をもちながら一定の目標に向けてその営みを展開していく過程である．授業過程は，教師が課題と教材を児童生徒にぶつけ，発問，指示によってゆさぶり

をかけて活動を引き起こしていく「教授活動」と，児童生徒が教師の要求を受けとめて，これを自己の活動に転化していく「学習活動」とが統一された過程であり，教授・学習過程（teaching-learning process）とみることができる．教室の中では，児童の要求，教師の要求，教材がもつ客観的要求がたえず相互にぶつかり合い，対立・緊張関係がつくり出される．

(2) 文化と学習者の発達との統一

このような授業過程は，世代から世代への文化の伝達と，その新たな創造への基礎づくりの過程であり，児童生徒自身にとっては，文化価値を内面化することによって思考力，認識力をはじめとした人間的能力を発達させ，「人間になっていく」過程（学習過程）である．教師の側からみれば，教科内容・教材を使って，児童生徒の豊かな潜在的可能性を最大限に引き出していく目的意識的活動の過程（指導過程）である．教師は，人類が歴史のなかで獲得してきた自然や社会や人間に関する科学的，芸術的諸成果の基本を児童生徒たちに習得させ，人間的諸能力を発達させ，その活動をとおして，自らも人間として，教師として成長をとげていくのである．

(3) 陶冶と訓育との統一

授業過程における主要な任務は陶冶であるが，ここには訓育的側面が分かちがたく結びついているのである．陶冶とは，知識，技能の習得，認識の形成という側面であり，訓育とは心構え，態度，意志，情動，性格特性の形成，特に集団における協力，連帯という側面である．授業の過程は，訓育過程と陶冶過程という，相対的に独自なものの統一された過程として成立しているし，またそのようなものとして正しく成立させねばならない．ヘルバルト（Herbart, J. F. 1776〜1841）は，これを「教育的教授」（erziehender Unterricht）と呼んだ．わかる授業が成立するのは，いずれの教科の場合にも訓育が陶冶によって基礎づけられ，陶冶は訓育によって方向づけられている時であり，人間の全面的発達を

目指す教育は，このような授業に依拠している．つまり，訓育を伴わない知識・技能の習得や，陶冶に支えられない信条や心構えの形成は，およそ「わかる・楽しい」授業づくりにとって程遠いものだということである．

(4) 集団過程としての授業

授業の過程は，一定の学級集団（学習集団）において，一定の目標のもとに，教師の指導によって展開される「集団過程」でもあるから，学級内には，集団思考や一定の規律が成立し，協力，連帯関係が生まれ，責任感，態度，意欲等の側面が認識能力と同時に形成されることが期待されている．

児童生徒にとって授業がよく「わかる」のは，集団のなかで，友達と教え合ったり，学び合ったりする時である．授業における認識過程の組織論的側面は，ほぼ同年齢の児童生徒たちの学級集団による共同活動を通しての，組織的な学習活動の展開過程である．児童生徒たちの活動は，能動的自己活動として展開されねばならないが，そのような活動は，児童生徒一人で形成されるのではなく，教師を含めた学級全員による共同活動においてである．したがって，教師の指導は，授業の集団的組織化，つまり集団思考の組織化に向けられる．集団思考の組織化とは，授業において，一人ひとりの児童生徒の内部矛盾を，教師の指導と児童生徒たち相互のコミュニケーションによって集団的に交流させ，組織し，克服させていくことにほかならない．個性尊重の名のもとに，学級一斉授業に批判的意見が強いが，適正な規模での一斉授業の教育的意義を見失ってはならない．

2　授業の構成要素と原動力

(1) 学習主体としての児童生徒

学ぶ主体である児童生徒は授業の成立にとって本質的・基底的な存在である．児童生徒は，固定的な知識や技能を一方的に注入される容器ではなく，課題に対してさまざまに反応し，はたらきかける能動的存在であり，多様な能力と個

性を発揮する発達可能態として存在している。したがって授業の過程はつねに、学ぶ側の生理的、心理的状態の把握と学習レディネスをふまえて組織されねばならない。

　授業過程を構成している学習主体としての児童生徒は、単に抽象的・一般的存在ではなく、それぞれ異なる生育史をもち、さまざまな欲求、経験、感情、興味をもち、独自の認識、意志、性格を形成している。このことは、同じ教材による授業でも、個々の児童生徒の受けとめ方やその結果が異なることでも明らかである。学級内の児童生徒は、それぞれ、家庭や地域での生活、マスコミなどからの規制、そこにおける諸矛盾を背負って授業に参加している。したがって、学ぶ側の論理を無視しては授業における緊張関係をつくり出すことはできず、望ましい教授・学習過程は成立しない。

(2) 教　材

　一般に、教材（教授材料）とは「児童生徒が学習して一定の目標を達成（学力形成）するために選ばれた文化的素材（事実、事象、資料、作品など）である」と規定されるが、それは授業過程と切り離されたところで、ア・プリオリに存在するものではなく、授業の中で意味づけられるものである。教師のはたらきかけと、児童生徒集団の主体的追求という授業の場で、児童生徒の認識を形成し、文化創造の基礎能力を養うために、人類が獲得してきた文化財のなかから選択され、組織された素材である。そしてそれは、教授・学習過程において意味づけられ、役割づけられるものである。

　教科内容は、それぞれ固有の内容組織や論理体系をもっており、児童生徒の生活経験や個人的思考活動からは相対的に独立した性格をもっている。もちろん文化遺産がそのまま教材になるのではない。

　児童生徒の科学的認識の発達を促す「よい」教材とは、極めて一般的にみて、まず、真理、真実に貫かれていること、科学的系統性をもっていること、児童生徒の発達の順次性をふまえ、生活経験をふまえていることなどがあげられる。

そして，児童生徒の思考活動をゆさぶり，能動的に課題追求活動を引き起こす教材というのは，学習者にとってある程度の困難と努力を必要とするが，しかし，解決可能な問題，つまり，現在の達成水準の一歩上位の限界に問いかけていくことができるものである．

(3) 授業における教師の役割

教師による組織・運営活動がないと授業は展開しない．優れた教科内容や教材は，児童生徒の自然的，直接的な経験や既有の知識だけでは獲得できない固有の論理，水準をもっており，両者の間には矛盾，非連続関係があるゆえに，そこに学習を効果的に指導し，認識の発達を指導する教師の役割が不可欠なものとして位置づけられる．

授業における教師の役割は，まず学級という集団を「学習集団」に組織し，発問，説明，指示，評言などで児童生徒たちにゆさぶりをかけ，集団思考を引き出していくことにある．そして教材の水準と児童生徒の既有の経験，認識，技能の水準との間の矛盾を，児童生徒自身の内部矛盾に転化させ，矛盾が児童生徒たちによってどのように克服されてゆくのかについての見通しを立て，克服への取り組み活動＝学習活動につかせ，その成果を評価することにある．それによって，一人ひとりの，ないし学級全体の発達可能性を引き出し，学力を高めていくところに，教師としての専門的力量が発揮される．

教師は一人ひとりの児童生徒の実態（生理的，身体的，情意的・学力的状態）に精通しており，教科内容・教材の本質，授業過程の法則性を知っていなければならない．また親や地域の要求を把握しており，教師としての願い，広くは人間としての願いをもって授業を組織し，演出していくのである．授業はドラマであり，教師はドラマの演出家だとも言われる．

(4) 教育的かかわりとしての指導と支援（援助）

教師の対象へのかかわりを一般に指導と呼ぶが，支援とか援助という表現が

使用される場合がある．学習指導よりも生徒指導の場面で特に多様される．しかし，1989年の学習指導要領の改訂，1991年の指導要録の改訂で，学力や評価にあたって「自ら学ぶ意欲」という観点が強調されるようになってから，学習指導でも支援，援助が多用されるようになった．両者を使い分ける明確な基準は無いが，北尾（1999年）によれば，次のような点に配慮する必要があるという[1]．

① 指導には，児童生徒の考え方や行動を一定の方向へ「方向づける機能」（指示，命令，伝授）と，考えや行動を促し支えるという「支援的機能」がある．

② 指導の中に支援が含まれる．指導の一つの形態としての支援．教育においては共に働く機能．支援のない指導も，支援だけという指導も，教育的かかわりとは言えない．

③ 指導と支援は目標のとり方や場面によって使い分けられる．指導計画を立てる際にあらかじめ考察しておく必要がある．たとえば，到達目標の提示など教師から目標が示される場合と，生徒の自主性や自立性を育てようという目標の場合とのちがい．

それでは，支援（援助）とは教師が具体的にどのようなかかわり方をすることなのか．いくつかの例をあげてみる．

・聞く，傾聴する（児童生徒は，教師が私のことをわかってくれているという安心感で意欲を高める）

・見守る（児童生徒のよさや可能性を信じ，自ら伸びていこうとする姿を見守る）

・待つ，間をとる（教師は，教えたがりという習性をもつが，相手の出方を辛抱強く待つ）

・認める（思いや活動を称賛する．児童生徒は，満足感，自信を得て意欲を高める）

・受け容れる（対象の言動をありのままに受け容れる．信頼関係を強め，児童生徒の安心感を増す）

・促す（対象の思いや願いをとらえ，その実現のためにアドバイスを与え，気づきを深め，活動を活性化させる）

支援・援助は，このように児童生徒に意欲と自信を育て，自主的，主体的な活動が展開できるようはたらきかけることととらえられる．

(5) **授業の原動力は何か**

　授業における児童生徒の認識活動は，遊びや生活とは異なり，教科・教材を媒介とした知識・技術の習得過程としてある．教科・教材は人間の歴史的，社会的実践の成果として対象化されている文化・科学・言語の体系を基礎とした，それぞれの分野の論理，内容の体系をもっており，それらの論理，内容の体系は，児童生徒の個々の認識に対して一定の対立・矛盾をもって存在している．つまり，児童生徒の主観や日常的な生活とは相対的に独立して，客観的に存在しているのである．

　教科・教材が児童生徒に学習され，理解され習得されるのは，児童生徒の認識の内容・論理・水準と教科教材のもつ内容・論理・水準との間の矛盾が，「内的矛盾」に転化し，児童生徒の学習活動によって克服されていくことによってである．その内的矛盾を児童生徒の内部に構成していくこと，その克服の見通しを立て，克服活動に立ち向かわせることに，教師の指導が集中する．

　授業における児童生徒の学習活動は，与えられた環境に対する単なる適応や，自然成長的営みではない．教科内容の客観的体系を教師の意図的指導により習得していく過程である．児童生徒は往々，生活経験的レベルでの認識に終始する傾向をもっている．そういう児童生徒の思考にゆさぶりをかけ，生活的認識から科学的認識への自己転換を一人ひとりの児童生徒のうちに確立することが，授業における教師の指導性として重要なのである．授業において，児童生徒の自己活動の発生を条件づけ，児童生徒の認識の発展を実現していく教師の指導活動の基本的内容は，①発達段階や特性を的確に把握し，②指導目標やねらいを明確に設定し，③科学的に基礎づけられたよい教科内容，教材を系統的に提供することであり，④十分な教材解釈をふまえての適切な指導過程の提示であり，⑤発問，説明，指示，評言による認識活動の方向づけである．教師の

指導の本質は，これらの条件によって，児童生徒の中に内部矛盾を形成し，その克服のための生き生きとした自己活動を組織させていくことである．

3 授業のプラン（学習指導案）づくり

「わかる，楽しい授業」を創造するには，よく準備された指導案（教案）が不可欠である．指導案作成に当たっては，まず，年間指導計画と単元計画とに基づき，目標の吟味を行い，単元目標及び本時の目標を決定する．指導案には，一般に，日時，学校名，単元名（主題・題材など），単元の目標，単元の指導計画，本時の指導計画（本時のねらい，本時の指導過程，発問系列，予想される児童生徒の反応，つまずきを回復させる手立て）などが書き込まれる．

このような指導案を作成する意義は，①その1時間の授業が，指導計画全体のどこに位置づけられるものかを明らかにし，②授業全体の骨組みを確かなものにし（分節化とやま場づくり），③教師が授業展開についてのイメージをふくらませ，そして，④教師が自らの力量を確かなものにしていくための指導仮説を構成するというところにある．

現実の授業は必ずしも指導案どおりに進むものではないとわかっていても，授業は本来，意図的・計画的なものである以上，指導案作成の力量は教師にとって不可欠である．授業の成否は，よい教材を系統的に提示しうるかどうかにあるが，指導案を作るということは，教材研究をふまえた教材解釈が進むなかで，授業のイメージを豊かにふくらませることなのである．

授業が予定どおりに進行したかどうかしばしば問題になるが，指導案はあくまでも「仮説」でしかない．現実の児童生徒（昨日とは違う児童生徒，いや一時間前とは違った児童生徒）の心の動き，独創的な意見，予想しなかった解釈などを尊重すればするほど，そこでのズレは避けられない．ズレはマイナスに評価されるものではなく，授業を深めていく貴重な契機を含んでいる．

4　教えることと学ぶことの結接点を探る

(1) 何かができるように，わかるようになる（学ぶ）ことと，何かができるように，わかるようにしてやる（教える）こと，この両者は人間の本質的な行為であることはすでに述べたが，学校教育では両者の効果的な結びつき，つまり学ぶ者が人間的能力を確実に獲得できるよう指導することに専門職としての教職の役割がある．授業は独自性をもつ二つの活動（教授活動と学習活動）が教材を媒介にして相互にはたらきかけ合うことで成立するが，教える側には，学習者のために何らかの教育的はたらきかけをしなければならない，一瞬をとっさに見極め，即座に対応するような技が求められる．これは「教育的瞬間」[2]と呼ばれ，授業を成立させる本質的要素の一つである．

(2) 職員室で中間テストの採点作業をしている教師たちの口から「あれだけ一生懸命に教えてやったのに」とか「この子らわかってないなあ」「何を聞いていたんだろうか」といった嘆きのつぶやきが聞こえる．教師は「教えたつもり」，生徒たちは「学んだつもり」になっているが，点検・調査（テスト）の結果からは，何も学ばれていないことが判明する．これを「教授・学習錯覚」と呼ぶことがある．教える主体と学ぶ主体との間に緊張関係が生まれず，結接点は見い出されていない状況である．その問題点を拾いあげてみよう．

　問題点Ⅰ……教えることが学ぶことから離れ一人歩きしていることがある
　　　　　　　（教授・学習錯覚をもたらす．教え込み，一方通行作用．指示待ち人間をつくりやすい）
　問題点Ⅱ……学ぶことが教えることから離れ一人歩きしていることがある
　　　　　　　（授業過程は，学習者の興味や自発性を中心にした学習活動に同一化されている．教師の指導性や教科内容の系統的な学習は背後に後退．真の意味の「学びの自立」にはならない）
　問題点Ⅲ……学びからの逃走

（「どうせ私なんかにはわからない」というあきらめ，学ぶことによろこびが伴わず，苦痛．何のために学ぶのか，その意味が不明）

(3) それでは，このような問題点を克服して両者（教授活動と学習活動）の効果的な結びつきを可能にするための条件は何だろうか．
① 教える対象の綿密で多面的な実態把握に努める．それは目標の設定，教材づくり，指導計画の作成，個に応じた指導方法の改善に不可欠である．
② 指導と評価の一体化を図ること．特に，教えと学びの接点に形成的評価を位置づけ，指導過程にたえず評価情報をフィードバックする．
③ 学習者と指導者との間の信頼関係づくり，学習者相互の学び合い高め合う学習集団づくりを図る．
④ 学習意欲を引き出し，高めるための条件づくりを図る．

5　授業過程と学習意欲

(1) 学習意欲とは

① 授業についていけない児童生徒の増加が，学習意欲の減退と深くかかわっていることは明らかだが，非行の激増・悪質化，いじめや不登校，高校での中途退学者の増加など，彼らの発達をめぐる否定的状況の背後には，多くの場合，学ぶ意欲の減退・衰弱がある．

今日における学ぶ意欲の減退は，環境（人や自然やモノ）に対する積極的はたらきかけの減少，仲間との遊びや手しごとの減少，あるいは生活意欲の衰弱と深くからみ合っているのである．学習意欲の問題を，授業の枠内での方法・技術の問題としてだけでなく，同時に，人格の全面的発達とのかかわりで追求することの必要性が求められてくる．なぜなら，学習意欲は，学習の対象そのものに直接かかわる側面と，その学習の意味（自分の成長にとって学習がもつ意味）の理解にかかわる側面との二つの層をもっているからである．

② 一般に，意欲とは，人間が目的意識的に活動する場合の，目標に向かい，

目標に到達しようとする心的エネルギー（身体的・生理的エネルギーとも結びつく）である．したがって学習意欲とは，一定の学習目標へ向かってそれを達成しようとする学習主体のエネルギーであると言える．それは，学習に着手しようとする積極性，課題をやり抜こうとする持続性と集中性，その課題をやらなければならないという自覚性と責任感，さらに自分の力でやり得るという自信等に支えられたものである．

このように，意欲は児童生徒の人格の中に組み込まれ，人格を構成する実質的内容をもっている．そして，この心的エネルギーは，活動する人間（一定の価値観をもった人格）の社会的関係，人間的交流のなかで発揮される．

③　児童生徒が，新しい欲求をもち活動への意欲を見せるのは，児童生徒の現在の水準に対して，一歩上位の活動が要求され，それをなしとげたときの喜びによって生まれる．

教師とのかかわりだけでなく，児童生徒をとりまく仲間との相互のはたらきかけ合い，励まし合いのなかで，何のために，何をどのように学ぶのかという目的，課題，方法がわかっていき，課題の克服に対するまわりからの承認と賞賛が，学習意欲を一層発展させる．

(2)　外発的動機づけと内発的動機づけ

①　学習意欲の喚起と育成の方法の問題は，学校教育のなかでは賞罰や競争という方法で，つまり外発的動機づけ（extrinsic motivation）の問題として取り上げられ，それは最も容易で即効薬的なものとして日常的に使用されてきている．また学習意欲は，教材や課題そのものに対する興味として，学習活動それ自体に動機づけられる「内発的動機づけ」（intrinsic motivation）の問題として取り上げられてきた．内発的動機づけは，他人からの報酬や罰によってではなく，知的好奇心，向上心，有能さと自己決定への要求などの要素から生み出されると考えられる．

ところで，児童生徒が学習意欲を出し，机に向かって学習活動に取り組んで

さえいれば，教師や親は満足していいだろうか．そこには，手放しでは喜べない教育上の問題が含まれている．なんらかの望ましい結果（ほめられる，賞を受ける，競争に勝つ）を得るために意欲的に取り組み，悪い結果（罰や叱責を受ける，自尊心が失われる）を回避するために意欲的に学習するという場合が多い．

② 賞を得たり，まわりからほめられたりすることによって，学習者は満足感を味わい，自信を得，さらに学習を継続させていく意欲がわく．一方，罰や叱責による動機づけは，それを回避するという消極的意味をもったものであり，不快・苦痛という刺激がなくなれば，学習活動が消滅する可能性は，賞の場合よりも強い．それゆえ，一般には賞賛のほうが，罰や叱責よりも学習の動機づけとしてはより効果的，教育的である．「叱るよりほめろ」と言われるゆえんである．

賞罰による方法は，学習対象そのものへの興味や，内発的動機づけへと変換，再構成されるような工夫が講じられないと，教育的意味は失われる．それどころか，教室内での点数争い，順位争いを目的化してしまいがちである．

③ 賞罰・競争による学習意欲の喚起を，授業の場から排除することは非現実的であるし，適切な条件と配慮のもとでは，教育的意味をもたせることができる．しかし，児童生徒の発達を組織していく授業にとって，次のような問題をつねに伴っていることに注意せねばならない．つまり，賞罰・競争によって一部の児童生徒の学習意欲は一時的に高まるであろうが，学級が望ましい学習集団として組織されていない場合には，一方での優越感に対して，他方での自信喪失，劣等感，意欲の低下をもたらし，学力格差を大きくする要因になりかねない．

また，授業がわからないのは学力不振や意欲のない児童生徒の側の問題としてかたづけられやすい．このことは，教師の側に児童生徒の状態の正確な把握，学習対象そのものへの興味をつくり出すような教材の研究，授業展開の技術の吟味などの必要性を自覚させる契機を失うことを意味する．そのうえ，賞罰・競争は，学習の過程よりも結果のみが対象となるために，児童生徒のつまずき

の内容が吟味の対象にならない．学習のつまずき箇所が不明であるから，具体的で有効な指導の手立てが施せない．
　④　学習における認識的興味は，よく吟味された教材の内容，指導技術の適切性，認識過程の集団的組織化にその源泉をもっているから，教師はこのような側面に配慮して児童生徒の興味，知的好奇心，向上心，自己決定への欲求をつくり出していかねばならない．

(3)　**学習意欲開発の課題**
　①　授業は目標達成行動であるから目標設定の条件が意欲を左右する．
　　　・方向目標でなく具体的，明確な到達目標で．
　　　・指導目標の学習目標化を図る．
　　　・目標の階層化──達成可能な小キザミの目標を段階的に．
　②　成功経験への配慮……達成感，有能感，自信をもたせること．
　　　ただし，単に易しい問題や低いレベルの問題に成功するというのでは意味がない．学習者にとってある程度の困難と努力を必要とするが，しかし解決可能な問題．つまり，現在の達成水準の一歩上位の限界に問いかけていくことのできる課題．
　③　課題の与え方……自己決定の意識，授業への参加意識をもたせる工夫．
　④　教材づくりや発問の工夫．
　⑤　学習成果がつねに確認できること（即時のフィードバック情報）．
　⑥　評価の方法を改善．
　　　a　集団準拠評価でなく目標準拠評価で
　　　b　自己評価，ポートフォリオ評価，個人内評価の利用
　⑦　効果的な褒め方，しかり方の工夫，自己肯定感を低下させるような対応をしない．
　⑧　児童生徒の個別性（認識面，情緒面，性格面での）をふまえたかかわり方．
　⑨　つまずきや失敗への耐性（失敗を克服する強さ）を養うかかわり方．

 a 目標「未達成」という判定としての評価でなく，どこで，なぜつまずいたのかをわからせ，回復への手がかりを与えること．
 b 失敗でもなお成功への見通しをもたせる．目標にどれだけ近づいているかを示し，少しの進歩でも認め励ますこと．
 c つまずきや失敗に対する原因を能力不足という要因に帰属させない（学習の仕方や努力の問題に）．
 d 教師は，つまずきや失敗の多い児童生徒をマイナスのイメージでとらえてはならない．そこにこそ思考力や理解力を高め，より確かな学力を形成する契機があるものととらえること．そうした教師の態度が，児童生徒につまずきや失敗への耐性を養う．

6　学級という学習集団の形成

　授業をはじめとする多くの活動が，原則として，ほぼ同じ年齢の一定数の児童生徒によって構成された学級（class）を基礎単位として営まれている．すなわち，学級とは，学校において教科指導，生徒指導（生活指導）を計画的，体系的かつ効果的に行うことを目的として組織される，児童生徒の最も基礎的な単位集団である．そして，一定数の児童生徒をもって学級を組織することを学級編成と言う．

　児童生徒は学級という集団の中で，自らの意見を発表したり，他の児童生徒の異なる意見を聞いたり，あるいは互いに議論をたたかわせ批判し合うことによって，自らの誤りに気づいたり，思考の停滞を打ち破ったり，自らの考えに確信をもったりすることができる．すなわち，個人の思考は集団の力の中で一層深化し，発展させることが可能となる．また仲間との集団的活動のなかで，他者のよろこびや悲しみや痛みへの理解や共感を介して，自己の内面への自覚を深めていくことができるのである．

　集団はそれ自体発達の源泉になりうる条件を備えている．その条件とは，成員一人ひとりの能動的活動を引き出しうるような集団が組織されることであ

る．担任教師には「群れ」を「集団」にする学級づくりの力量が求められる．教室に集まった児童生徒を集団として活動させるために，さまざまなはたらきかけを展開するが，小集団づくり，班づくりもその一つである．班はそのメンバーに集団を教え，学級を集団として認識するための基礎集団であり，教育的道具である．

　児童生徒は仲間との集団活動のなかで，自己認識を深め人間としての自立への基礎を培うことができるのであるが，今日，このような集団的活動が貧しくなってきていることに，いじめや校内暴力などの，問題行動が多発する一つの要因があるのではなかろうか．児童生徒の個別的理解を深めるとともに，学級集団の構造や規範を明らかにすることが，教師にとって重要な課題となる．

7　授業改善に評価をどう生かすか

(1)　授業づくりと評価[3)]

　わかる授業，楽しい授業の創造にとって鍵となるのは，そこに「評価」の行為がどれだけ自覚的にはたらき，改善の具体化のなかに評価情報がどのように組み込まれているかである．個々の教師の評価への認識の深まりが授業を変え，児童生徒を変えることができる．

　「教育評価は教育実践そのものである」とも言われる．しかし，他方では「指導と評価の一体化」の必要性が強調されている．つまり，指導と評価が乖離している現実が指摘されているのである．指導と評価が一体化していないこと，つまり評価が授業の改善のために役立っていない要因は，どこにあるのだろうか．

　① 教師の意識の中には，授業実践が本来の任務であって評価は余計なしごと，雑用ととらえられている．評価も指導であると考えられていない．

　② 評価の対象が児童生徒の学習活動のみに置かれ，学習する側の能力の値ぶみに終始して，教授活動が対象にされていない．

　③ 指導計画に評価計画が位置づけられていないため，評価情報のフィード

バック回路が明確でない.
④　指導目標が方向目標で設定されていて，評価は相対評価（集団準拠評価）に終始して，授業改善に役立たない．

　評価が教育評価でありうるためには，それが授業過程に内在し，たえず授業にフィードバックされつつ，指導と学習のあり方，授業の方向を調整するのに役立つものでなければならない．授業についていけない子を一人でも出さないようにして，児童生徒に「わかるよろこび」「学びの楽しさ」を与えて次の課題への励ましを与え，教師には，指導への情熱と責任を沸き立たせるような評価——そのような評価こそ教育評価なのである．

(2) 形成的評価の役割

　評価が授業改善のために機能するには，授業過程に内在し，たえず授業にフィードバックしつつ，指導と学習のあり方を吟味し，その方向を調整するのに役立つものでなければならない．そのために有効な評価は，目標準拠評価（criterion referenced evaluation）と形成的評価に求められる．

①　授業にフィードバックし，授業のあり方を変えていくためには，国語の中間テストが何点とか，算数の評点が「5」という情報だけでは意味がない．単元や授業の目標系列のうち，何ができ，何ができていないか，できないとすれば，どこで，どのようなつまずき方をしているのかについて情報を提供してくれるものでなければならない．そのような情報を提供してくれる評価を「形成的評価」（formative evaluation）と呼ぶ．

②　形成的評価とは，単元や授業が進行していく過程において，その授業過程の達成目標を評価規準として，個々の教材のねらい（基礎的基本的な学力内容）が，一人ひとりの子どもにおいて達成されつつあるかどうかを点検するための評価である．授業過程の目標にそって，教師の発問に対する応答や表情・態度から，また子どものノートやレポートの点検から，さらに小テストの実施を通して，目標の達成状況を見る．評価の結果は即時に教

師と児童生徒双方にフィードバックされ，以後の指導活動と学習活動の調整が行われる．
③　目標を達成している子どもの場合には達成感と自信が得られ，次の学習への意欲を喚起することができる．未達成の場合は，子どもが引き続いて集中的に取り組むべき目標が確認される．教師は教材・指導法の適否の判断・決定と目標の再検討も行う．つまずきの即時回復を図ることによって，単元や授業終了時には，「できない子」を一人も出さないような教え方を確立するために，形成的評価は重要な位置を占めている．

(3) つまずきとその回復指導

①　形成的評価の結果は，教授・学習についてのフィードバック情報であるから，その情報に対して，教師および学習者の反応——調整活動が必要になってくる．

教師は，個々の子どものつまずき（誤答）の内容，傾向を把握し，それを授業改善に生かしていく．授業前には不明であった問題点が，授業の過程で明らかになり，それを手がかりにただちに軌道修正を行う．その意味では，つまずきは授業改善のための貴重な情報を子どもが提供してくれているのである．

形成的評価を取り込んだ授業においては，子どもたちのつまずきやとまどい，間違いが大切に扱われている．なぜなら，つまずきやとまどいは，より確かな思考力や学力形成の重要な契機になるものであり，そこには，問題性と同時に，発達への可能性が潜んでいるからである．授業のプロセスにおいて，一人ひとりの子どものつまずきが，一つ一つ丁寧に取り上げられ，学習者自身に，どこで，なぜつまずいたかの原因や理由が明らかにされることによってこそ，確かな学力とより質の高い思考力の発展が期待できるのである．

②　つまずきの回復は，形成的評価の結果情報によって，どのような教育的決定がなされるか，教師の教育的力量が問われる場面である．特につまずきは，次の授業に向けて教材や教具をどうするか，子どもの思考過程のどこにはたら

きかけたらよいかなど，さまざまな情報を提供してくれる．調整活動として次のような点に留意したい．

　　a　子ども自身がつまずきを自覚し，自分の力で克復の努力をするような支援や指導の仕方を原則とすること．
　　b　1人のつまずきを学級で取り上げ，どこでなぜつまずいたかの筋道をみんなで考え合うことで，共同で学習し全員が授業に参加し，わかり合うような授業をつくること．
　　c　評価の結果を見ながら，一般には，授業展開のテンポの調整，再学習，補充学習，深化学習の実施，それぞれに見合った異なる学習課題の提示などの調整活動がとられること．

・再学習……形成的評価の結果，教材のねらい（達成目標）が未達成であることが判明した場合，もう一度学習のしなおしをさせ，基本的学力の形成を図る．一斉授業の中で行われる場合には，再学習を必要としない学習者のために，深化学習（発展的学力形成）をこれに組み合わせることが望ましい．
・補充学習……形成的評価の結果によって，目標達成の不十分な部分を個々の学習について明らかにし，その不十分な部分についてのみ補充的学習を行う．

参考文献
1）北尾倫彦他『学校教育の心理学』北大路書房，1999
2）鹿毛雅治『子どもの姿に学ぶ教師』教育出版，2007
3）天野正輝『評価を生かしたカリキュラム開発と授業改善』晃洋書房，2006

第6章　生徒指導の基礎理論
　　──自分探しをどう支援するか

1　生徒指導の意義

　学校が掲げる教育目標を達成するうえで，学習指導と並んで重要な役割を担っているものに生徒指導がある．

① 　生徒指導とは「一人一人の児童生徒の人格を尊重し，個性の伸長を図りながら社会的資質や行動力を高めることを目指して行われる教育活動」を指している．そして「児童生徒自ら現在及び将来における自己実現を図っていくための自己指導力の育成を目指す」ことを生徒指導は究極の目標としている（文部科学省『生徒指導提要』2010年，以下『提要』と記す）．

　すなわち，生徒指導は，個性の伸長を図ること，社会的な資質・能力・態度を育成すること，自己実現を可能にする資質・態度を形成すること，このような三つの目標達成に導く自己指導能力の育成を目的とした指導・支援であるということができる．

② 　ここで言う自己実現とは，自分の持つ資質・能力をすべて生かして統一のとれた発達をとげることであり，その過程を通して自分自身の可能性を広げ，自律的で自分らしい自分（個性的）をつくりあげることである[1]．また，自己指導能力とは，自分で自分をよりよい方向に導いていく力，言い換えると，その時々の適切な行動を判断し，決定していく能力を指している．

　このような能力を，児童生徒が学習指導を含む学校生活のあらゆる機会を通して身につけることが生徒指導の重要な目標であると同時に生徒指導を展開していくうえでの前提ともなる．

③ 　生徒指導は「すべての児童生徒」を対象に行われるものであり，教育課

程の内外において，すなわち学校の教育活動全体を通じて行われるものである．

生徒指導というと，非行・問題行動への対応という「消極的な面」に限定して考えられがちであるが，一人ひとりの生徒の健全な成長を促し，生徒自ら現在及び将来における自己実現を図っていくための自己指導能力の育成を目指すという生徒指導の「積極的な意義」を確認する必要がある．

2 自己指導能力を育む

(1) 自己指導能力を構成する資質・能力

学校における生徒指導は，一人ひとりの児童生徒の「自己指導能力」の育成を究極の目標にしている．この自己指導能力（学びの自律）こそ，児童生徒が将来において，特に変化の激しいこれからの社会において，自己実現を図るための不可欠な力と考えねばならない．

ここで求められている自己指導能力を構成する資質・能力は，次のような内容を含んでいる．

① 自己受容と自己理解——自己をありのままに受け容れる態度であり，自己理解を助成するための前提条件となる．児童生徒の自己受容の態度を育成するためには，指導に当たる教師が生徒をあるがままに受け容れる態度が必要であり，教師自身の自己受容も必要．

② 自己概念の形成とその修正——自己理解が進む過程は自己概念の修正，再構成の過程である．

③ 自己の経験の意識化——自己受容の態度が身についてくるにつれて，自己の経験について明確に意識化することのできる範囲が拡大していく．

④ 学習目標の確立，明確化を図り，それとの関連で自己の現在の姿を把握する．

⑤ 目標達成意欲の開発，心的エネルギーの充足．

⑥ 自己評価の力をつけ，目標達成行動の調整を行う．

⑦ 自信，効力感や有能感の支えが必要．効力感とは，ある課題を自分の力で効果的に処理できるという信念．

⑧ 自発性，自主性，自律性，主体制——これらは，生徒指導が目指す基本的資質・能力である．自発性とは，他者の指示や意見に従うだけではなく自らのうちに湧き上がる思いや判断に基づいて行動することである．自主性とは，他に依存することなく，自己の自由意志によって決断し，行動すること．自律性とは，自分の欲求や衝動をそのまま表出したり行動したりすることなく，必要に応じて抑えたり，計画的に行動することであり，一定の目的に従って自分の行動を規制することである．主体性とは，自分の価値観，考え方，判断に基づいて行動し，その結果に対して責任を負う姿勢のことである．

(2) 三つの基本的視点

自己指導能力の育成を目指す生徒指導においては，日々の教育活動で留意すべき点として『提要』では次のような3項目をあげている．

① 自己存在感を与えること．
② 共感的な人間関係を育成すること．
③ できるだけ多くの自己決定の場を与えること．

近年の児童生徒の発達をめぐる状況を見ると，問題行動の背景に共通して認められるのが，自己肯定感の低下とコミュニケーション能力の低下，指示待ち症候群という特徴である．特に，「どうせ私なんか」という自己否定の心にとらわれる生徒が多いと言われている．

生徒指導では，①に関して，生徒一人ひとりをかけがえのない存在として大切にかかわることを基本とし，自己存在感を育むかかわり方に配慮すること．②に関しては，目標設定と目標達成の過程で教師と児童生徒，そして児童生徒同士の間で，相互に人間として無条件に尊重し合う態度でありのままに自分を語り，共感的に理解し合う人間関係を育てることが大切である．③に関しては，

児童生徒は，自らの行動の選択を迫られる時，自分自身を見つめ，自己受容，自己理解が進められる．自己決定が求められる場で，自ら決断し責任をもつ経験を積み重ねることによって，自己指導能力の育成が促される．

3　生徒指導の方法——集団指導と個別指導

(1) 集団指導

集団指導の教育的意義として『提要』では次の3点があげられている．

① 「社会の一員としての自覚と責任の育成」である．集団の規律やルールが守られ，周囲と協力して責任を果たすことによって社会や集団が成り立っている．集団指導を通して子どもたちはこのことを体験的に理解し，行動できるようになる．

② 「他者との協調性の育成」があげられる．協力や競争を含む集団活動を通して，子どもたちは他者理解とともに自己への理解を深めていくことが可能となる．その結果，互いに支え合い他者と協調していく態度の育成が期待される．

③ 「集団の目標達成に貢献する態度の育成」である．集団に共通の目標を設定し，その達成のために全員で力を合わせる．また同時に，各自が役割を分担しながら，この目標の達成に向けて取り組んでいく．これらのプロセスを通して集団の目標達成に貢献する態度も育まれていくことになる．

このような集団指導を進めていくうえでの留意点として，既述の生徒指導の3視点（自己存在感，共感的人間関係，自己決定）が重要である．これらの機能が失われると，子どもの個性や主体性が妨げられる危険性が生じる．

(2) 個別指導の方法原理（生徒指導の三つの目的）

個別指導とは，集団から離れた場面で児童生徒を個別に指導するだけでなく，学校生活のあらゆる場面での個別に配慮した指導や支援を指している．個別指導のねらいとして次の3点があげられる．

① 成長を促す個別指導―― 一人ひとりの個性の伸長や成長に対する意欲を高めることをねらいとしている．
② 予防的な個別指導――（一部の児童生徒を対象に）問題が深刻化しないように初期の段階で問題を解決することを目指している（初期段階の問題行動や悩みをかかえた子ども，それらのリスクの高い子ども）．
③ 課題解決的な個別指導――（一部の児童生徒を対象に）深刻な問題行動や悩みをかかえ，それらに対処できない子どもに対して，課題解決に焦点を当てた個別の指導や支援を指している．

課題解決的な個別指導の場合，学級担任だけでは解決が困難なことが多い．自分だけで判断せず，管理職や他の教員と相談し，またスクールカウンセラー等の専門家の意見をふまえて対応することが必要．

なお，個別指導を効果的に進めるための留意点として，日々の学校生活の中で教師は児童生徒との信頼関係の形成に努めることが肝要．

4　教育相談の意義

(1) 教育相談はすべての児童生徒を対象にして，成長過程で出会うさまざまな問題の解決への指導・援助であり，生徒指導の中心的機能を担っている．

すなわち，教育相談の対象は，いじめ，不登校，非行などの問題を抱える児童生徒であり，学習や対人関係，家庭問題等で不適応感をもち始めているが，まだ非行や欠席などの具体的な行動には表れていない児童生徒であり，また，表面上は特別な問題はなく元気に学校生活を送っている大多数の児童生徒を対象として，学校生活の適応とよりよい人格の向上を目指して行われる．

また，教育相談は，教育相談担当教員や養護教諭，学級担任，ホームルーム担任，スクールカウンセラーなどの限られたものだけが行う活動ではない．すべての児童生徒を対象にあらゆる教育活動を通して行うものである以上，すべての教員が適時行う教育活動である．

(2) 教育相談の場面(形態)としては次のような形態があげられる．
① 定期教育相談——担任がクラス全員の児童生徒と年間計画として定期に（放課後等に時間を決めて）個別の面談を行う．事前の準備として，学校生活に関するアンケートと調査を実施し，それをもとに面談を行うこともある．
② チャンス相談——教育相談はあらゆる教育活動の中で行われるので，少し気にかかる児童生徒については，休み時間や給食時間，清掃時間，部活の時間，廊下・校庭などであらゆる機会，わずかな時間を教育相談に生かす．
③ 呼び出し面談——早期に話をする必要があると判断した時，生徒を呼び出して面談する．
④ 自主的（自発）相談——児童生徒自らが自主的に相談を申し込んでくる場合．

(3) 教育相談に不可欠な前提条件とされるものがある．これらの形態は，児童生徒のかかえる課題や問題行動の特性，面接の必要性によって使いわけられるが，いずれの場合も，それまでの担任との関係性がどの程度に形成されているか，が重要な前提条件となる．

担任教師は日頃から一人ひとりに積極的に関心をもち，声をかけ，その表情を確かめていく．そして，問題行動の前兆となるようなサイン（心の危機サイン）を見逃さないようにすることが重要である．

(4) 教員が教育相談（特に自主的相談の場合）で用いる「カウンセリング技法」として『提要』では次のような内容が掲げられている．
① つながる言葉かけ（相談に来たことを歓迎する言葉かけ，心をほぐすような言葉かけ）．
② 傾聴（丁寧かつ積極的に相手の話に耳を傾ける．うなずき，受けとめの言葉かけ）
③ 受容——反論，批判といった気持ちは脇に置き，相手の気持ちを推量し

ながら聞く．
④ 繰り返し——自分の言葉，気持ちが相手に届いていると実感し，自信をもつ．
⑤ 感情の伝え返し——不適応に陥る場合には，自分の感情をうまく表現できない場合が多い．同じ言葉を返し感情表現を応援する．
⑥ 明確化——うまく表現できないものを言語化して心の整理を手伝う．
⑦ 質問——話を明確化する時や意味が定かでない時に，確認する場合，積極的に聞いているよということを伝える場合などに．
⑧ 自己解決を促す（自己解決力を引き出す）．

5 問題行動とその対応

問題行動は，一般に，非社会的問題行動（un-social behavior）と反社会的問題行動（anti-social behavior）に分けられる．前者は不登校，家出，自殺，薬物乱用などであり，後者は盗み，校内暴力（対教師．生徒間，器物破損），いじめ，性非行などが含まれる．問題行動に対処していく際に重要なことは，個々の現象の真因（cause），その行動を生起させる直接の原因・誘因つまり動機（motive）及びその背景（back ground）を的確に把握し，分析することである．それらの把握が不十分な場合は指導の手立てに適切さを欠くことになる．

(1) 不登校

文部科学省の学校基本調査によれば，年度間に通算30日以上欠席した児童生徒のうち「不登校」に関する数は，1996（昭和41）年度の調査以来年々増加しており，2016年度は13万4398人（小学校3万1151人，中学校10万3247人）に達している．不登校について明確な定義があるわけではないが，一般的には，主として「なんらかの心理的，情緒的，身体的，あるいは社会的要因・背景により児童生徒が登校しない，あるいはしたくてもできない状況にあること」として理解されている．

不登校問題の形成要因は，児童生徒によって各々多様であり，一律に特定できないが，ストレス理論では次のような要因があげられている[2]．

① 学校内の強いストレッサーの存在．友人関係をめぐるトラブル，対教師関係の悪化，学業上の不適応などで児童生徒はストレスを抱え込みやすいと言われる．

② コーピング・スキル（ストレスを処理する技能）が十分育っていない．社会的スキル（社交性）や耐性が不足していてストレスに十分に対処できない．

③ ソーシャル・サポート（社会的支援）の不足．友人，家族，教師など周囲の者が本人のストレス処理を援助することが十分にできていない．

これらの要因からさまざまなストレス反応が生じ，最後のコーピングスキルの手段としてストレッサーから逃れ，身を守ること＝不登校という行為を選ぶ．

不登校の進行過程は，一般に，潜在的段階，兆候的段階，心気症的段階，攻撃的段階，自閉症的傾向段階に分けられるが，それぞれの段階の特徴に即した支援・援助が必要である．

学校にかかわる直接の要因（誘因）が「友人関係をめぐる問題」「教師との信頼関係をめぐる問題」「学業の不振」「怠学」などであるのを見ても，学校が必ずしも児童生徒が充実感や存在感を持ちうる場となっていないこと，テスト体制，学力競争が支配するなかで，学校が学ぶよろこびを味わうことのできる場となっていないこと，教師は多忙で管理主義的で画一的な対応しかできず，信頼感のある人間関係がつくれていないことなどがあげられよう．改めて公教育としての学校や学級の教育活動を，子どもの視点から見直してみる必要があろう．

(2) いじめ

文科省は毎年「児童生徒の問題行動等生徒指導上の諸問題に関する調査」を実施している．1985年以来，いじめの定義を「自分より弱い者に対して一方的に，身体的・心理的な攻撃を継続的に加え，相手が深刻な苦痛を感じているも

の」としていたが，いじめの認知を実態に近づけるため2006年度の調査から，いじめの定義を次のように見直した．

「当該児童生徒が，一定の関係にある者から，心理的，物理的な攻撃を受けたことにより，精神的な苦痛を感じているもの．なお，起こった場所は学校の内外を問わない．」

2016年度間のいじめの認知件数は32万2445件（小学校23万7921件，中学校7万1309件，高等学校1万2874件，特別支援学校341件）．いじめの認知件数を学年別に見ると，中学1年生で最多となっている．

いじめは児童生徒の人格形成に大きな影響を及ぼす深刻な問題となっており，学校のみでなく，家庭，社会が一体となって取り組まねばならない課題である．いじめは，子どもの人権にかかわる問題であり，人間を育てる教育の場に絶対にあってはならないことである．いじめの問題に，学校において取り組むべき課題としては次のような点が指摘されている．

① いじめは「どの学校でも，どの子にも起こりうる」問題であることを十分認識する．いじめが生じた際には，学級担任等の特定の教員が抱え込むことなく，学校全体で組織的に対応すること．

② 児童生徒の生活態度のきめ細かな把握（いじめを受けている子どもの苦悩や訴えを見逃さない敏感さ）や問題の早期発見，すばやい対応に努める．事実関係の把握を正確かつ迅速に行う必要がある．

③ 生徒指導の徹底，つまり生徒理解を深めること，日常的に教師と子どもの間の温かい人間関係づくりに努め，いつでも相談できる教育相談機能の充実を図る．

④ 学校教育活動全体を通じて「いじめは人間として絶対に許されない」との人権思想の徹底や思いやり，助け合いの精神の浸透を図る．人間の命やモノを大切にする教育を学校の中心に据える．

⑤ 一人ひとりの児童生徒の存在感，充実感が得られるような学級づくり，学校づくりを目指す．

⑥ 地域や家庭との連携を密にし，いじめへの対処方針，指導計画を日頃より公表し，保護者の理解を得る．学校においていじめを把握した場合には，速やかに保護者及び教育委員会に報告し，適切な連携を図る．

6 「心の居場所」づくり

「不登校はどの子にも起こりうる」という認識がひろがるなかで，学校における日常的な生徒指導の重要性が再認識され，学級づくり，人間関係づくりの取り組みの充実が一層求められるようになった．

(1) 「心の居場所づくり」とは

近年，学校内外で「心の居場所」という表現がしばしば用いられるようになった．「心の居場所」とは，自己が他者から受容されることによって存在感を実感でき，精神的にも安心して存在することができ，自己の成長にとって意味のある場ということである．ところが，現実の学校・学級が一人ひとりの児童生徒にとって精神的に安定していることのできる場所，安心して自己をさらけだし，くつろげる場所ではなくなってきている現実を反映して，そうした場所の確保＝「居場所づくり」が学校教育の課題となってきた．学校・教室において居場所が無いということは，児童生徒にとって，心と身体が安らぎ，くつろげる時間と空間が無いということであり，その集団において，自分という存在が人格的に認められず，冷ややかな非難的まなざしで見られ，居づらく，精神的・身体的に圧迫感が強い状態にあることを示している．居場所の喪失が語られる背景として，学力や偏差値といった一元的尺度による選別化，序列化が進行し，異質者を排除する空気が学校・教室の中にあることがあげられる．

(2) 取り組みの視点

児童生徒にとっての「心の居場所」をつくるには，学校のあらゆる活動の機会において，自己を素直に表現することができ，自己の良さが認められること，

自己決定の能力が尊重され，自己の成長への援助があること，異質的他者との対話が育まれ，共同で取り組む雰囲気がつくられること，などの条件が満たされることが必要である．なかでも，それぞれの児童生徒と教師との信頼関係づくり，学級のメンバー相互との受容的な人間関係づくりが欠かせない．一人ひとりが個として尊重され，存在感や精神的安定感が確保できるのは，ものの考え方や感じ方の異なる他者との対話的世界の中で可能となる．個々人の考え方，感じ方が必ずしも同じでないことを前提に，それぞれが生かされる（共生）ような学級づくりに取り組むことが，教師には求められる．

7 カウンセリングマインドと教師の指導性

カウンセリングマインドという言葉に触れることが多い．教師がカウンセリングマインドをもつということは，学習指導にせよ生徒指導にせよ，クライエントに対するカウンセラーがもつべき基本的態度（ロジャースが提唱したような）を指導上の方法，態度として教師も身につけるべきだという意味である．しかし，そのような方法・態度の重要性の指摘はなにも新しいものではなく，教育方法学がこれまで追及してきた課題なのである．また，このような方法・態度が治療的関与の一過程における方法的態度としての意義をもっているにしても，これを教科指導も含めた教育活動のすべてに無条件に一般化することは危険である．「無条件に受容する」「自主性を重んずる」ということを表面的に理解し，指導や管理の機能を軽視したり否定するような傾向は，教育方法の構築にとって必ずしも進歩を示すものではない．つまり，子ども・青年の学習権，発達権を保障する教育的かかわりとは言えない．教育的かかわりとは，ある場合にはリーダーシップを発揮し，児童生徒の先頭に立ってモデルを示すことが必要であり，ある場合には，じっと見守る，促すという支援的態度が必要である．教師は，この両面を児童生徒の状態に応じて自在に使いわけることが必要なのである．

8　生徒理解の意義と課題

(1) 対象理解の意義

　学習指導においても生徒（生活）指導においても，指導目標を達成するためにまず求められるのが，対象をどれだけ的確に理解できているかということである．教師にとって生徒へのかかわりは，生徒理解に始まり生徒理解に終わると言われる．看護者の患者さんへのかかわりにおいても同様である．

　指導の前提には，児童生徒一人ひとりのものの考え方，感じ方，興味・関心，学力水準，欲求や悩み，感情，価値観，対人関係（仲間や教師）などについて十分な把握が不可欠となる．また，対象理解は，現状だけでなく過去にさかのぼって発達の過程をたどるとともに，児童生徒の未来への展望をもふまえて，総合的に理解し，解釈する必要がある．さらに生徒理解は，個々の児童生徒についてのみでなく，所属する集団の構造や性格をも対象にする必要がある．可能なかぎり広く，深く理解をすすめることによって，教育指導を効果的に展開でき，児童生徒の自己理解を促し，成長，発達を促すことができる．

(2) 対象を理解することのむずかしさ

　私たちは人に理解されることによろこびを感じる．たとえ理解の内容が多少マトはずれであっても，親近感を覚えかかわりを深めることができる．しかし，他者の心の内を客観的に知り相互に理解し合うことは，そうたやすいことではない．学校や学級だけでなく家庭や職場でも，人間関係をめぐるトラブルの原因の多くが，相手への無理解や誤解によるものであるのを見ても，理解のむずかしさがわかる．対象理解のむずかしさの要因を次にあげてみよう．

　① 理解の対象は相手の心の内，内面世界であり，心の内を直接客観的に見ることはできない．

　② 心の内は状況の変化に応じて一瞬一瞬ゆれ動く．

　③ 理解するという行為には，認知的側面と人間の感情や情緒的側面が含ま

れる.

④ 理解という行為は双方向性という特徴をもつ．両者が相互に心を開き，意志の疎通を図られないと理解は成り立たない．

⑤ 相手をとりまく環境（家庭，地域，仲間，自然，文化など）を知り，その相互関係を理解の対象にする必要がある．

⑥ 児童生徒がすべて個性的な存在であるということ．それぞれ独自な特徴をもち，個別性をもっている．

⑦ 理解する側（たとえば教師）の自己理解が深まらないと，他者（生徒）理解も深まらない．

このように考えると，対象一人ひとりを正しく理解することは極めて困難なことであり，不可能に近いことのようにも思える．しかし，人と人との直接的な触れ合いを主たるフィールドにし，援助者との信頼関係の中から生徒が（あるいは患者が）自立することを目指す実践においては，対象を可能な限り正確に理解しようと努力する姿勢を示すこと，あるいは理解しようとする意志の伝達が，実践の基盤には欠かせない．

9　理解の諸相

(1) 日常経験的理解

学級や学校での日常生活を通して，あの子，この子を「理解する」という行為は，往々にして，先入観にとらわれたものであったり，一面的理解に終始したり，固定的な理解に陥りやすい．

(2) 客観的データに基づく理解

主観的理解にとどまることなく，多くの資料を収集し活用することによって，対象をできるだけ客観的に把握する必要がある．そのための資料収集には，一般に次のような方法が用いられている．

① 観察法　児童生徒の行動観察であり，なんらかの条件統制なしで日常的

に行われる「自然観察法」と，諸条件を統制して意図的に行われる「組織的観察法」(実験観察法)とに分けられる．その際，観察のねらいを明確にすること，客観的態度で望むこと，環境条件を明らかにすること，行動の原因に着目することなどに留意する．

② **面接法** 広義に解釈すれば，教師と生徒とが日常的に触れ合い，向かい合えば，そこに面接的行動が生じるが，ここでは，特定の場所で当該生徒と相対し，質問や作業を介して観察する方法で，調査面接法，相談面接法，また個人面接，グループ面接として行われる．教師には，面接についての基本的態度，技術の習得が必要である．

③ **調査・検査** 質問紙法などによる資料の収集と解釈．知能，学力，適性，性格，ソシオメトリー，生育史や家庭環境，悩み，進路希望などを対象に客観的資料として継続的に収集し，解釈し，これを指導に生かす．

④ **日記・作文** 日常的に書かせるものと，特に目的をもって書かせるものとがある．内面の理解や生徒自身の「自己理解」への契機ともなりうる．表現は自己の内面を対象化する行為であり，自己が客観化される．

(3) 共感的理解

客観的データに基づく理解は重要であるが，分析的になりすぎたり，分類的位置づけに陥ったりして内面の理解に至らない場合が多く，個人のもつ複雑な精神的力動性や全体像を見失いがちとなる．好ましい教師—生徒関係をつくり上げるには，児童生徒一人ひとりをかけがえのない存在としてかかわれる教師でなければならない．

共感(empathy)とは，人が何かを見る時，その対象の中に自分の感情を投影して感じる状態である．相手のものの見方や感じ方に沿って，つまり「相手の身になって」「相手の立場に立って」理解しようとするのが「共感的理解」である．相手の世界を，彼または彼女が感じたり体験したりしているような仕方で教師が感じ取ることである．「あたかも相手になり切ったかのような態度」で，

相手に深い関心をもち，尊重し，援助的であるということである．そして，共感的理解とは，感じ取ったことを正確に，わかるように（言葉や動作，表情で）相手に伝え返さねばならない．さらに，その伝達内容の適否について，相手から逆移入（チェック）を受けることが必要である．

10　望ましい人間関係（信頼関係）をつくるには

　教育指導は，教師と生徒との信頼関係の上に成り立つ．同様に看護者と患者との信頼関係の上に適切なケアは実現する．信頼とは，他の人とかかわりをもつ時，その人が抱く安心感のことである．人が安心できると感ずるのは，ありのままの自分でいられる，本音が言え，見せかけを装う必要のない時である．「ここでは自分の話を聞いてもらえる」「わかってもらえる」「何でも話せる」と感ずる時である．そこでは自分の弱さにも自然と向き合うことができ（自己受容），ありのままの自分を見いだすことができる．

　カウンセリングの理論を築いたロジャース（Rogers, C. R.）は，カウンセラーは次の三つの条件を満たす態度でクライエントに対応することで，クライエント自身がもつ自己回復力を高め，適応に向かうことができるとした．[3]

① 自己一致，純粋さ，真実性，（genuineness）
　表面をとりつくろい，心の中で思っていることとは別のことを口先だけで表現するようなことがない．その時，その場での自分の気持ちに正直であること．クライエントに接している時の自分の感じ方と反応の仕方が一致している．このことは言語的コミュニケーションと非言語的コミュニケーションを一致させることにもなり，信頼関係を築く重要な条件である．

② 無条件の肯定的関心・受容（unconditional positive regards）
　クライエントが表現することを批判などせずに無条件に肯定的に受容，尊重する．クライエントの言った言葉を繰り返したり，うなずいたりしながら傾聴することで，自分の気持ちがわかってもらえたと感ずる．

③ 共感的理解（empathic understanding）

(98ページ(3)を参照)

教師はカウンセリングの専門家ではないが，児童生徒との信頼関係を深めていく際，このような技法・態度（カウンセリングマインド）を身につけていることが，生徒指導には有効だと考えられている（95ページの7参照）．

11　理解をすすめる視点

生徒理解をすすめるうえで留意すべきことがらを次にあげておこう．

① 　教師が児童生徒を理解の対象に据える場合，児童生徒の側も教師を理解の対象に据えている．それは教師と子どもの相互理解の過程であり，相互影響の過程である．つまり理解は双方向性なのである．生徒は自分を理解しようと努力してくれる教師に対して信頼と敬愛の念を強くする．児童生徒の心が教師に開かれることによって，教師の理解はさらにすすむことになり，指導の効果はより高まることになる．

② 　児童生徒を理解の対象にする場合，児童生徒をとりまく環境（親，友人，地域・社会，文化）を理解の対象にすることで，理解はより深まる．理解しようとしている教師自身も理解の対象となる（教師の自己理解）．

③ 　子どもの言動を通して理解し説明する際，その理解は，その教師の力量や信念，価値観，経験に基づく解釈であり意味づけであるし，説明となる．それは教師個人の意識の枠の中に子ども理解の問題を閉じ込めてしまう危険性がある．したがって，得られた資料をもとに，教師は仲間との討論を重ねたり，他の専門の人々の考えを知ったり，さまざまな情報に触れることで視野を広げ，自分自身の見方，考え方を相対的に見る眼を養い，それによってより妥当な解釈をふまえた理解が可能となる．

④ 　日々成長しつつある児童生徒に対する理解あるいは相互理解は，固定的，静的なものではなく，ダイナミックに変化する過程としてとらえねばならない．教師と子どもの関係を時間的な流れのなかで発達的にとらえること，つまり，はたらきかけて対象を変え，変化した対象によってはたらきかけ

られる関係のなかで理解していくことが大切である．

⑤　対象理解で最も重要なことは，生徒を一面的にとらえることなく（たとえばテストの点数や偏差値という能力の一部をもってとらえないで），多面的，多角的，包括的にとらえるようにすることである．生徒は，教師の予測を超えてさまざまな良さや可能性をもっている．生徒のもつ諸側面，諸特徴を総合的に全体として理解することが，指導には不可欠なのである．

⑥　対象理解のむずかしさは，内面世界は直接見ることができないことにあると述べたが，人間の心の動きは，目の動きや顔の表情，動作や身振り，言葉づかいに表れる．児童生徒が示すサインをすばやくキャッチする感性をみがき，そこに込められた意味を読み解く能力が求められる．看護においても，対象者の身に起きている気がかりなことに「気づく」ことから，かかわりはスタートする．つらそう，気分が悪そうという状態に気づくことが，援助活動の前提となる．そこでも気づきのアンテナの感度を高める訓練が不可欠となる．

⑦　得られた個人資料は，教師の生徒理解や指導・支援に利用されるだけでなく，児童生徒の自己理解（自己分析と自己評価）を深化させるための情報として，教育的配慮のもとに児童生徒に還元される必要があろう．

12　生徒による自己理解

(1)　自分を知ることの意義と方法

　教師による生徒理解は，生徒自身による自己理解が深められ，それによって生徒指導の目標である自己指導能力（自己教育力）の形成に資するものとならねばならない．

　人は誰でも，自分がどんな人間であるかということに関して一定のイメージ（自己概念）をもっている．自分の身体的特徴や能力・学力や性格などについて，これまでに得ている情報や自己評価を繰り返したりして自己認識，自己概念を形成している．自己に関する価値意識の体系が自己概念（self concept）である．

ところで，古代ギリシャに伝わる「汝自身を知れ」(デルフォイの神殿の台座に刻まれた文言) という箴言は，現代のわれわれが人間や教育の在り方を探る際にも重要な問いを投げかけている．では，どうすれば自分を正しく知ることができるというのだろうか．詳細な自己観察と分析によってであろうか．沈思黙考によってだろうか．

① 　人は鏡の前に立って初めて，現実の自分の顔だちや身体的特徴を自分の目で確かめることができる．それと同じように，人は，自己を対象化して見る自分 (主体) と見られる自分 (客体) とが対峙するという構図において，自分自身を意識し自己概念を形成する．あるべき自己の姿と現実の自己の姿とのズレを意識して，あるべき自己に一歩でも近づこうと自己変革に向けた努力を試みることが可能になる．キャンパスに向かって絵を描いたり，詩や文章を書いたりという表現活動は，自分の内面を対象化する行為であるが，表現を通して自己が客観化され，自分を知り，成長へのきっかけをつかむことができる．

② 　「人は人のなかで人になる」と言われる．人が自分を知り，自分を高められるのは，他者とのかかわりにおいてである．人間らしさを特徴づける自我 (ego) とか自己 (seif) という世界は，もっぱら他者とのかかわりによって育まれる．「内在化された他者が自己に他ならない」とも言われるゆえんである．

　人が自己理解を深めるには数多くの「鏡」が必要である．他者からの評価を受け容れたり，他者と比較したりして，より客観的な自己認知に迫ろうとする．なかでも自分にまなざしを注ぐ他者の存在は不可欠である．そのまなざしを投げかけている他者の心の中で自分自身の在り方が吟味され値ぶみされていて，そのまなざしを受けて自分の行動，態度を変えることができるのである．

(2) **どんな自己概念をもつか**

　人は，自分自身をどう意識し，認識しているか，どのような自己概念を形成

しているかによってその行動は大きく左右されるという．たとえば，人は自分自身について良いイメージをもちたい，良く思われたいという欲求が強いが，そのことが，現実の自己に働きかけて自己を向上させようとする意欲や努力を高め，自己変革，自己実現につなげることができる．しかし，逆に，自分の欠点を隠そうとしたり，いやな点から目をそらそうとし，その結果として現実の自分自身の姿からかけ離れた防衛的な自己概念を形成してしまいがちである．それは，自分自身を見失うという結果を招く．

　問題行動をもつ児童生徒に共通していることとして，学校生活の比較的早い段階からネガティブな自己認識によるラベリングが形成され，定着が進行していることが指摘されている．どうせだめな私，やってもどうせわからない私……といった自己のイメージをマイナスに認識し，自信喪失を生み出している．テスト体制のなかで，自分のよさや値うちが見い出せず，存在感（identity）が得られないのである．したがって，自分の将来に希望を見い出せないでいる．

　このようなネガティブな自己認識が克服されないと意欲的な学習や生活は展開できない．生徒指導においては，多面的に自己を見，自分なりの良さに気づくような支援，伸びていく自分に目を向けるような指導に心がけることが求められている．

　現実の自己を十分に反映する自己概念をもつこと，そのために自己をありのままに受け容れるという自己受容の態度を育てることが重要になる．また，自己理解は環境・状況の中での自己認知であるから，的確な状況理解が必要となる．さらに自己理解は一時的，断片的でなく，継続的でしかも包括的であることが重要である．

参考文献
1）マスロー，上田吉一訳『完全なる人間——魂のめざすもの』誠信書房，1998
2）国立大学教育実践研究関連センター編『学校カウンセリング入門』東洋館出版部，2007
3）ロジャース，畠瀬直子監訳『人間尊重の心理学』創元社，1984

第7章　教育評価の理論と方法
——評価が人をつくる

1　教育実践における評価の役割

(1) **教育評価とは何か**

　教育実践は，一定の目標のもとに行われる目標追求活動であるから，どの程度目標が達成されているかをつねに点検し，活動を調整しなければならない．教育活動における評価の位置と機能について独自の追求をした続有恒（1928～1972）は，評価を「目標追求—評価—調整という単位での目標追求活動における部分活動であって，追求活動の実績と目標との関係をチェックし，調整活動のためにフィードバック情報を提供するもの」と規定した[1]．

　教育評価とは，指導する者が学習者の学びと育ちの状況（変化）を見てとり，情報を収集し，何らかの規準に照らしてそれを価値判断し，評価情報を得て次の指導に向けてその評価情報を生かすこと．学習する側も，評価情報によって学習意欲を高め，自分の学習活動を調整することである．

　教師にとって点検・評価は，眼前の児童生徒の実態に即して教師の指導の在り方を問い直し，児童生徒の自己発見と学びの方向性に見通しを与え，カリキュラムの改善にも情報を提供するものである．教育評価は，児童生徒を「できたか，できなかったか」と値ぶみし序列をつけることではなく，教師が設定した目標に向けた授業で児童生徒に「わからせることができたか，できなかったか」を振り返り，どこでつまずいているかを的確に把握して，授業改善への手がかりを得るためのものである．

(2) 評価行為の自覚化

　評価の行為は，一連の教育実践（学習とその指導）の全過程に内在しており，評価への認識の深まりは教育実践の点検，反省の深まりとかかわり，実践の科学化，合理化，自律化とかかわり，ひいては児童生徒の発達保障にかかわるのであって，評価行為の自覚化は教師と児童生徒の双方にとって重要な能力，資質である．ただ，漫然と日々の実践活動を行うのではなく，自らの行為を対象化し，自らの行為を過去と現在と未来をつなげてとらえていくこと，これが評価の行為の自覚化の本質である[2)]．そして，教育の過程に内在する評価を自覚的に位置づけ機能させなければ，教育活動に対する外からの枠づけが容易に入り込むことになり，教育の自律性を失いかねない．

(3) 人間の生活と評価の営み

　教育問題に限らず，評価という営みは，人間の生活の改善と進歩にとって不可決な意識作用である．日常生活の主要な場面において，自分を取りまく対象や自分の活動そのものを観察し測定し，一定の基準に照らして評価する営みは，我々の日常生活における不断の意識作用であって，それは，人間が現状を変革し，より幸福な未来への願望・期待を抱いている存在だからにちがいない．評価の行為は，家庭においても，地域社会においても，人々の行動を方向づけたり，形成したり，規制したりする役割をもっている．

　この点検・評価作用が不十分であったり，あいまいであったりすると，思い通りにことが運ばないし，自律的で主体的な行動は不可能となる．

2　学校教育における評価体制

(1) 学校ではどんな評価が行われているか

　学校ではさまざまな領域で評価活動が行われている．なぜなら学校教育は目標追求活動であり，学校目標を達成するための意図的で計画的，組織的な活動が中心であるから，すべての領域で設定された目標がどれだけ達成され，ある

いは，されつつあるかを点検，評価しないと，次の教育計画（指導や学習の目安）が立てられないからである．

一般に，学校教育における評価には次のような多様な活動が含まれる．

① 日々の教育実践を貫いて，教師による児童生徒に対するはたらきかけとして現れてくるもの，たとえば「わかった人手を挙げて」とか「そうそう良くできたね」「がんばったね」といった称賛や励ましの言葉かけ．授業の節目での診断テストや到達度テスト．児童生徒の自己評価や相互評価．中間テストや期末テストなどの定期試験．通信簿の発行，指導要録の作成．府県レベル，国レベルで実施される一斉学力テスト．入試選抜のテストなど．

② 教師の実践が依拠する年間指導計画や単元の指導計画，学校カリキュラム（計画カリキュラムと実践カリキュラム）に対する評価．

③ 学校は組織体であるから，自立した組織として活動を効果的に展開していくために，学校経営評価が必要であり，さらには学校評価（自己点検・自己評価と外部評価）が不可欠である．教員の勤務状態や指導力向上を目指した教員評価も実施されている．

[　授業評価　⇄　カリキュラム評価　⇄　学校評価　]

(2) 指導過程での評価をすすめていく基礎・基本

一般に，教育評価をすすめていく際，次のような課題に取り組まねばならない．

① 評価の目的の確認……どんな種類の教育決定に用いられるものか検討する．指導と学習のための評価，管理目的のための評価，研究目的のための評価などに分類される．

② 評価の主体の確認……誰が誰を評価するのかという視点であり，他者評価，相互評価，自己評価に分けられる．評価者（主体）は，評価情報を得て目標を含む教育プログラムを調整できる立場にある者，あるいはそれに

参加できる立場にある者として考えると，それには，教師，児童生徒，学校の管理運営者，中央・地方の教育行政当局，教育評価の専門家，保護者などがあげられる．

③ 評価目標の設定……評価の目標を分析し，具体化する．具体化された目標は，指導を通して実現を目指すべき具体的な学習内容や学生の成長の姿を明らかにしたもの．それは，評価の規準ともなる．評価の具体化の手引きとなるものとしてブルーム（Bloom, B, S）らの「教育目標の分類」が用いられてきたが，近年では能力分析的観点——4観点が用いられている．

④ 実施の時期と評価の機能……たとえば，授業や単元開始の前の段階で評価するのか（事前評価，診断的評価），授業や単元の終了時なのか（事後評価，総括的評価），授業や単元が進行している過程でか（形成的評価）に分けられる．

⑤ 評価資料の収集方法の吟味……評価資料収集の方法としては，観察法（行動，発言，発表，実技，対話など），作品法（ノート，プリント，作品），自己評価法（自己評価カード，自由記述）と相互評価法，テスト法（ペーパーテスト），ポートフォリオ法など．教科や目標，観点の種類に応じて最も効果的な方法が選ばれる．

⑥ 規準・基準の設定……評価にはなんらかの基準（判断の拠りどころ）が不可欠である．その際，何を評価するか（どのような学力に基づいて評価するか）を評価の「規準」と呼び，どの程度まで目標が達成されたか（学力レベルの高さ）を示すものを評価の「基準」と呼んで区別する．規準は学力の質に着目したものであるのに対して，基準は学力の量について述べたものである．

　レベルとしての学力を判定する際，二つの基準の設け方が考えられる．一つは学習の到達目標を基準に，どこまでそれに近づいたかを見極める方法（目標準拠評価・絶対評価）であり，他の一つは，集団の平均的な達成度を基準にそれとのへだたりの度合いによって段階分けを行う方法（集団準拠評価・相対評価）である．さらに，これらの二つはいずれも学習者の外部に

基準が立てられているのに対して，学習者の内部に立てられる「個人基準」に基づく個人内評価もある．個人内評価には横断的個人内評価と縦断的個人内評価とがあり，学習者の多様で個性的な側面や，全体的な成長を把握し，支援するための評価方法である．

⑦ 評価情報のフィードバック……教育活動の過程や結果を一定の規（基）準に照らして価値判断し，その情報を教師や学習者に，または管理者（校長）や父母にフィードバックし，それぞれの立場から目標追求活動を調整（改善）する．

評価の教育的意義はこのフィードバック機能にあり，それによる活動の改善にある．その際，フィードバックは学習活動の直後に，しかも具体的な内容で与えられるほど効果は大きい．教師から，児童生徒にフィードバックされる場合，相対評価的な情報よりも目標準拠的な情報の方法が望ましいし，それも単に目標に到達できたかできなかったという情報だけでなく，つまずきの箇所とその克服のためのアドバイスを伴うことが望ましい．学習への意欲を高めるようなフィードバックの工夫が求められる．

3 指導と評価の一体化を図る

これまでも教育指導にたずさわる教師の間で「指導と評価の一体化」が課題となっていた．指導と評価が乖離している現状を指摘したものである．

「指導と評価の一体化」の意味する内容は多様であるが，第一は，指導したことを正確に評価に反映させるとともに評価する事柄は必ず指導しておくという意味であり，指導してないことはテストに出題しないようにして，評価の妥当性を確保することである．第二に，教師は，児童・生徒の学習活動を一定の目標に向けて指導する際，教師の指導活動の前提には評価があり，そこからの情報をもとに授業をデザインし，指導の過程においても評価活動が含まれ，活動を調整し，指導の結果も評価の対象になる．この意味で，指導と評価とはつねに結びついている．教師は児童生徒の学習活動の過程で，励ましたり，ヒン

トを与えたり，賞賛などの言葉かけによって，児童生徒が学習の方向づけや意欲を高められるように，一人ひとりにかかわりをもち支援する．一人ひとりの児童生徒の特性，個性に合ったかかわりを可能にするのが教育評価の本質である．児童生徒の学習活動と教師の評価活動は一体なのである．

「指導と評価の一体化」には，第三に，「評価もまた指導でなければならない」という意味が含まれている．つまり，児童生徒の学習活動のなかでの教師のかかわり方の良し悪しが，児童生徒の学習活動を励ましたり，逆にやる気を失わせたりする．そのため，教師の評価行為自体を評価する（評価を評価する）ことが教師には必要になるのである．自らの評価行為が児童生徒の学びを励まし，経験を豊かにしていくことに結びついているかどうかを，つねに吟味する必要があろう．

ところで，評価が指導であるように機能するためには，かかわりの技術の問題であるとともに，評価計画が，あらかじめ指導計画に位置づけられていることが重要である．単元レベルでの評価計画（観点，規準と基準，方法）を本時のレベルでどう具体化するかという検討が十分なされていること，そして，指導目標は，「方向目標」ではなく「到達目標」として設定されていることが必要である．

4 相対評価の問題性と発達保障のための評価

(1) 相対評価の問題性[3]

評価とかテストという言葉は，私たちに必ずしも良い響きをもって受けとめられてきていない．教師は評価する者，児童生徒は評価される者，そして「できる子」「できない子」に分けられてしまう，といったイメージがこの言葉にはつきまとう．しかし，評価やテストという語自体が，もともと否定的イメージをもっているのではない．つまり，評価が指導や学習の改善のために機能せず，児童生徒の能力の値ぶみに陥り，選別のために機能しているからなのである．

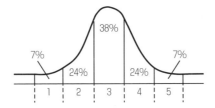

図7-1　正常分配曲線による5段階の評点分配

　わが国の学校教育では，教育評価が「判定」としての評価であったり，「序列化の手段」としての評価であったりして，教育実践，とりわけ教師の日常の教育活動と切り離されて考えられてきた．その要因の一つは，目標分析，目標設定の不十分さと，その結果を評価するための評価規（基）準の曖昧さ，及び一定の比率に基づく相対評価方式が授業の場面でも支配的であったことがあげられよう．5段階であれ10段階であれ，ある一定の比率に基づき，集団の中の相対的位置関係で児童生徒の学力を測る集団準拠評価（norm-referenced evaluation）は，児童生徒の能力のとらえ方及び，それをどう育てていくかという教育理論のうえで，いくつかの問題点を含んでいた．多くの教師たちは，授業の場面や指導要録，通知表において支配的であった5段階相対評価方式のもつ問題性を見抜いていたが，それは次のようなところにあった（図7-1参照）．

① 　正規分布の理論は，自然現象の多数の集合体を対象とした場合に当てはまるものであって，学級，学校という少人数の，しかも意図的計画的であることを本質とする教育活動に当てはめようとしたところに教育理論としての誤りがある．

② 　一人ひとりの子どもの学習がどんな成果をあげたか，どこでどんなつまずきをしているかを明らかにすることができない．

③ 　一人が上がれば一人が下がるという評価方式であり，子どもの間の順位争いを激しくする．

④ 　何十人かの児童生徒がいる時，そこには必ず「できる子」と「できない

子」がおり,しかもそれが正規分布に従って分配されるという考え方の基礎には,子どもの能力の素質決定論,自然成長的発達観がひそんでいる.

相対評価方法が流布する背景として,単元目標・授業目標がどのような性格のものとして設定されるかということも,この問題に深くかかわっている.つまり,「のびのび楽しく歌う」「自然を愛する心が育つ」のように目標を「方向」として設定する（方向目標）か,「ひらがなの文字が読める」「分数のたし算ができる」のように目標を「到達点」として設定する（到達目標）かということであり,前者の場合には一定の集団内での相対的位置関係で評価されやすいのである（集団準拠評価,相対評価）.

(2) 教育評価の機能的類型——発達保障のための評価のあり方

教育評価は,児童生徒を「できる子」と「できない子」に選り分けるためのものではなく,すべての児童生徒の学力と人格の発達保障につながるものでなければならない.そのためには,児童生徒の学力をある一定の集団内での相対的位置関係で測るのではなく,教えるべき教育内容がどこまで達成され,どのように達成されたかが明確にできる評価,つまり,目標準拠評価（criterion-referenced evaluation）でなければならない.

子どもに学習の励みを与え,教師に指導の目やすと手だてを与えてくれるような評価方法を創造する努力が,到達目標の設定と到達度評価を取り入れた実践を生み出した.五段階相対評価方式の批判から生まれ,指導と評価を一体のものとしてとらえる到達度評価では,ブルームの理論にも学びながら,それが行われる時期とその機能によって,診断的評価（授業前の評価）,形成的評価（授業中の評価）,総括的評価（授業後の評価）との3種類に分けている.これらを指導計画に適切に位置づけて指導に生かしていくのである（第8章の3参照）.

① 診断的評価（diagnostic evaluation）……一定期間の授業を始める前に,その学習の前提となる諸事項が児童生徒に準備されているかどうか（学習レディネス）を確認するために行われる.児童生徒がもっている知識・技能

などの学力の実態や興味・生活経験などについて調べ，その結果に基づいて適切な指導計画を立案するとともに，前提となる基礎学力を欠いている者に対してはつまずきの回復処置を計画することになる．方法としては一般には，ペーパー・テスト，実技テスト，作文，ヒアリング・テストなどが用いられる．

② 形成的評価（formative evaluation）……形成的評価とは，授業が進行していく過程において，その授業過程の到達目標を評価基準として，個々の教材のねらい（基礎的基本的な学力内容）が，一人ひとりの児童生徒において達成されつつあるかどうかを点検するための評価である．授業過程の目標に沿って，教師の発問に対する応答や表情・態度から，また児童生徒のノートやレポートの点検から，さらに小テストの実施を通して，目標の達成状況を見る．評価の結果は即時に教師と生徒双方にフィードバックされ，以後の指導活動と学習活動の調整が行われる．目標を達成している児童生徒の場合には達成感と自信が得られ，次の学習への意欲を喚起する．未達成の場合は，児童生徒が引き続いて集中的に取り組むべき目標が確認される．教師は，教材・指導法の適否の決定と目標の再検討も行う．つまずきの即時回復を図ることによって，授業終了時点では「できない子」を1人も出さないような教え方を確立するために，形成的評価は重要な位置を占めている．

③ 総括的評価（summative evaluation）……一連の授業が終了する時点で到達目標を評価規準として，指導と学習の結果をまとめ，目標に到達したかどうかを確認する評価であり，以後の指導計画のための資料を得，指導方法の修正やつまずき回復措置を講ずる．総括的評価の方法としては，ペーパー・テスト，レポート，感想文，作品，実技テストなどが利用される．通知表は1学期間の総括的評価であり，指導要録は1年間の総括的評価であると言うことができる．

5　自己評価とポートフォリオ評価法

(1)　**自己評価**（self evaluation）

①　形成的評価の方法として，自己の学習行動やその結果を児童生徒自身が評価する自己評価や，集団の中で個人が相互に評価する相互評価が用いられる．なかでも「自ずから学ぶ力」「生きる力」の育成にとって，たえず自己を見つめ自己を変えていく力，すなわち「自己評価能力」の育成は中心的課題となる．ここでは自己評価を「児童生徒が自分で自分の学習内容，行動，態度などを評価し，それによって得た情報によって自分の現状を確認し，自分の今後の学習や行動を調整するという一連の活動」とおさえておこう．

自己評価で評価されるのは，学習活動の結果だけでなく，目標の設定，課題解決の見通しの立て方，展開過程，その結果を目標との関係で評価することなどの全過程が対象となる．すなわち目標に向かう活動のたえざるコントロールこそが自己評価であると言うことができよう．

自己評価が重視されるのは，単に指導上の資料がそこから得られる方法・技術としてのみでなく，児童生徒自身が目標に照らして自らの学力の現状を把握し，学習をコントロールし，次の学習への意欲を高めていくという，自己教育の能力の育成につながるものだからである．

②　自己評価は，児童生徒が主権者として育っていくために，あるいは，自己の発見や生きる方向の発見と結びついていくものである．また，自己との対話を促すことができるものである．

③　自己評価の方法は，各教科の特性や学習者の発達段階によって異なるが，「自己評価カード」「たしかめカード」が利用されたり，授業の結果についての短い作文，日常の生活についての自己反省の記録などとして，広く行われている．

④　自己評価は，一般に次のようなプロセスですすめられる．

a　学習目標の設定（学習課題の自己目標化）
　　b　学習課題への取り組み
　　c　学習活動のモニタリングと調整（活動中の場面場面での振り返りと調整）
　　d　自己評価（はじめに設定した学習目標がどの程度達成されているかを自ら判断する）
　　e　自己強化（自己効力感を得たり，次の活動への意欲を喚起すること）
　⑤　もちろん，授業者である教師自身も自己評価は行うのであって，それによって授業改善の情報を得ることができ，教師としての成長が可能となる．

(2) 自己評価の課題

　このような自己評価が十分に機能するためには，次のような配慮が求められる．第一に自己評価は自ら行う評価であるから，授業は子どもの能動的な学習活動として展開されていることが望ましい．そのため，目標や課題の設定に自己決定の方法を取り入れるようにすることである．第二に，自己評価にも規(基)準が必要であるから，評価規準となる学びの目標や目やすをあらかじめ明確に具体的にもてるように授業過程を工夫することである．第三に，自己評価は教師（他者）の評価と一致しない（ズレを伴う）場合が多い．甘すぎ，独りよがり，見当はずれ，自己満足に陥らないようにするために，他者からの視点や評価・アドバイス（他者評価）の機会を多くし，児童生徒同士の相互評価を活発に行うことで，基準のとり方を訓練し，自己評価の客観性を確保する工夫が必要である．第四に，自己評価した結果を活用する場が，すぐ後に続く学習過程に設定されるように工夫すること，などの配慮が必要である．

　自己評価は，絶えざるメタ認知（人の認知の質の善し悪しをたえず確かめているもう一つ上の次元の認知）の過程だとも言われる．自分はいま何に関心があるのか，自分は何をしようとしているのか，そのためには何がわかっていないといけないのか，といった自分の学びの意味を見つめるもう一人の自分の目をもてるようにすることだからである．

(3) ポートフォリオ評価法

現在の学校教育において評価観や評価方法の転換をどう図ったらよいかという課題に対して，一つの方向性を示してくれるのがポートフォリオ評価(portfolio assessment)である．最近，生活科の学習や総合的な学習の時間にふさわしい評価活動として，また高等教育機関での評価方法として，実践的にも理論的にも関心を集めている．

ポートフォリオとは，「ファイル」「紙挟み」「書類綴じ込みケース」という意味であり，あるいは，そのときどきの学習活動の足跡（情報）をすべて挟み込み収集したものという意味である．ポートフォリオ評価法とは，このポートフォリオを活用することによって児童生徒の活動や学習過程を評価する評価方法の一つである．ファイルされるべきものは，学習活動のそのときどきの作品，感想文，宿題，自己評価カードや他者評価カード，教師のコメントやサジェッション，親からのコメント，テストの結果，レポートなどであり，それは児童生徒の学びの履歴であり，発達の過程を示している．

これまで，評価は，ペーパーテストの結果や出来上がった作品（結果）からのみなされてしまう傾向にあったが，それでは，児童生徒の成長の過程や思考の深まりを十分把握できないまま一面的な評価に終わってしまいがちであった．

ポートフォリオ評価が効果的な評価方法として注目される点は，第一に自ら収集した資料（情報）に基づいて，自らの学習のプロセスや結果を自ら評価するのであるから，「自ら課題を見いだし，自ら考え，主体的に判断し，解決する力を養う」という教育目標にとって，極めて適切な方法と言えよう．

第二には，既述のように，学習課題を探求する過程をまるごと記述し，保存し，視覚化し，それに基づいて学習者自らが評価することである．出来上がった作品や結果のみを評価の対象とするのでなく，プロセスを視覚化し，評価するのである．

第三に，教師が児童生徒のファイルを活用して評価する方法は，学習者の成

長をさまざまな角度や場面で見つめることができ，より多面的で一人ひとりに応じた適切な支援をすることができる．

　第四に，学習の過程でのファイルに際して，児童生徒の思いと教師の思いをからませながら，児童生徒相互に，あるいは児童生徒と教師の間に，どのような対話がなされたかという内容の記録が重要な意味をもつ．評価は児童生徒と教師との対話である．自己評価は自己との対話（自分を知る）であり，他者評価は他者（教師や仲間）との対話である．

　第五に，評価資料（情報）の公開性により学習が活性化し，相互評価が促され，生徒の自己評価能力，自己表現力，洞察力を高めることに貢献する．

　以上のような特徴をもつポートフォリオ評価法は，一人ひとりの児童生徒にとって，意味のある学びや，全体的な成長や生き方を見いだすことのできる時間——総合的な学習の時間——の評価方法として有効であろう．到達度型の評価方法は，教科学習において有効性をもつが，教科の枠や目標にとらわれない総合的な学習で，一人ひとりの学びをとらえ，支援していく評価方法の一つとして注目されてよい．

6　パフォーマンス評価とルーブリック（評価基準表）

　理科における実験観察活動や実技の能力を評価するには，実際にこの活動を実践させるなかで評価する必要があるし，コミュニケーション能力の評価も，実際のコミュニケーション活動のなかで評価するのが望ましい．このようにパフォーマンス評価は，評価しようとする能力や技能を，それらの能力を用いる実際の活動のなかで評価しようとするもので，筆記試験中心の評価への反省として1980年代に取り入れられるようになった．ペーパーテストによる評価とパフォーマンス評価を組み合わせて，学習者の能力を幅広く把握しようとする試みもある．現実生活との関連性を特に強調したパフォーマンス評価をオーセンティック評価（authentic assessment）と言う場合もある．

　パフォーマンス評価の際，採点指標として使用されるのがルーブリック

(rubric)であり，学習者の学習の達成状況レベルを評価する時に使用される評価基準である．ルーブリックは，学習者の学習の状況の程度を示す尺度と，それぞれの尺度に見られる学習の質的特徴を示した文章表現や学習作品から構成される．

　信頼性の高いルーブリックを作成するためには，評価と指導の一連の過程に，ルーブリックの改善，修正を位置づけ，学習者の実態をルーブリックに反映させていくことが重要である．

7　通知表と指導要録の役割[4]

(1)　通知表の役割

　通知表（通信表，通知簿）は，一定期間の教育の成果を教師が親や児童生徒に知らせる一種の連絡簿である．教師は父母（国民）の教育権の一部を委託されているから，児童生徒の学習権を保障するという立場から，父母の意見，要求を受けとめ，児童生徒の教育のプロセスや結果を父母に通知していく義務を負っている．その情報提供の方法として，通知表，学級・学年通信，家庭連絡ノート，個人面談，家庭訪問，成績物や作品の返却などがある．なかでも通知表は他の情報提供の方法と異なり，児童生徒の発達状態を総合的に，客観的に，定期的に伝える最も信頼と権威のあるものとして，明治20年代以降使用されてきた．通知表の役割は，一般に次のような点に求められる．

① 　学校が何を目指して，児童生徒をどのように育てようとしているか，どんな内容をどの程度まで習得させたか，どういう点に問題をもっているかなどを父母に知らせ，父母が児童生徒を次の学習へと方向づけ，励ます資料を提供するものであること．

② 　児童生徒に自らの発達の程度を知らせ，その後の学習活動の方向づけと励みを与える．達成したよろこびを味わい，向上しようとする意欲を喚起するものであること．

③ 　教師が，一定期間の教科指導や生徒指導の成果を，児童生徒の具体的な

発達の姿の把握を通して反省し，次の指導の出発点，新たなカリキュラムや指導計画の創造へ結びつけていくものであること．

通知表がこうした機能を果たすためには，相対評価型の通知表では不可能である．一定の配分比に基づく相対評価では，児童生徒の学力の実態をつかむことができないので，次の指導の手立てを具体的に示せないし，学習内容に即した励ましもできない．通知表の記載内容が親や児童生徒にわかりやすいということだけでなく，児童生徒の発達の過程や学習の目当て，指導の手立てなどが明確に示される必要がある．

学校における評価の目的が，児童生徒を管理する手段となったり，児童生徒を相互に比較し序列化することにあるのではなく，一人ひとりの児童生徒に確かな学力と豊かな人間性を育て，自己学習能力を育てることにあるという原則をおさえ，通知表はそのような教育を目指して，父母と教師，教師と児童生徒，父母と児童生徒が話し合い，励まし合うものであるということの確認が必要である．そのような通知表であるためには，5段階相対評価法がもつ問題点を明らかにして，学習の達成度（教えた内容とその達成度）が具体的に明確に記入されること，成功感，成就感が味わえるようなものであること，継続的・累積的な内容に改めることなどが必要である．

(2) 指導要録と教育実践

① 児童生徒指導要録は通知表と違って，学校教育法施行規則（第12条3第1項）により，校長にその作成が義務づけられているものであり，20年間（学籍に関する記録）と5年間（指導に関する記録）の保管が義務づけられている（同第15条）公簿である．そして児童生徒が進学・転校する際には，進学・転校先に指導要録の写しか抄本を送付しなければならないことが定められている（同12条3第2項，3項）．

指導要録は，戦前の学籍簿（1890年小学校令施行規則で定められた）が単なる学校の戸籍簿的なものにすぎなかったという反省をふまえ，戦後の教育改革の理

念を実現するための一環として，1948年に新しい教育評価観に支えられて登場したものである．すなわち，その主要な機能は（中学校，高等学校も同様）「個々の児童について全体的，継続的にその発達の経過を記録し，その指導上必要な原簿」であることに求められた（文部省『小学校学籍簿の趣旨』1948年）．

② しかし，指導要録は現実には理念通りに機能していない．個々の教師にとって指導要録は，学年末になって初めて取り出され，形式的に記入され，再び翌年まで教師の目にとまることがないといった現状であるが，それでは意味がないのである．日々の実践のなかで，指導上利用されるカルテのような役割が期待されるのである．そのために，児童生徒の成長，発達のトータルな状態を，日常累加的に記録したものであり，しかも個々の教師が自由に観察し記録したものでよいわけである．しかし，指導上必要な資料であるためには，一定の様式をもったものでなければならない場合もある．教師の転任や児童の転校の場合，指導上の引き継ぎが容易にできるためには，簡素化された客観的記録であり，かつ一定の統一様式をもっている必要がある．

つまり，指導要録は文字通り「指導のための要約記録」という意味であるから，要約されるべき基礎データー（「累加記録」cumulative recoad）が前提としてあり，それに基づく「要録」(summary)であるといった性格のものである．両者ともに，指導上必要な資料なのである．

③ 指導要録は，1955年改定で，「指導のための原簿」とともに「対外証明のための原簿」という性格が明確に規定されるに及んで，その様式と記載事項に簡素化，客観性，統一性，という条件が一層強く求められるようになった．

これらの条件は，指導機能を果たすための条件でもあるが，外部に対する証明機能のなかで強調されると，指導機能を形骸化に導く条件となってしまうのである．とりわけ，1948年通達で採用されてきた5段階相対評価方式は，客観性を高めるという名のもとに次第にひとり歩きを始め，「内申書」に記入され

て選別の道具としてその威力を発揮しつづけてきたのである．

(3) 観点別評価の考え方
① 観点別評価の意義

　教科の学習にはそれぞれ達成すべき固有の目標がある．それらの目標がどこまで達成されたかを把握し，指導を調整しなければならない．学期末または学年末の総括的評価では，観点別の評価を行い記録することになっている．単元や指導場面ごとに目標の達成状況をとらえ，記録しておき，その資料に基づき学期末に総合的に判断する．その際，各教科の学力を「関心・意欲・態度」「思考・判断」「技能・表現」「知識・理解」の四つの観点から記することが基本であり，国語科の教科の観点だけは5観点である．

　評価の観点を定めるだけでは，抽象的で具体的な児童生徒の成長の姿をイメージすることはできないので，評価観点によって示された児童生徒につけたい力を，具体的な児童生徒の成長の姿として文章標記したものが評価「規準」である．

　教科学習における目標に準拠した評価では，各評価規準で示したつけたい力を，どの程度まで習熟しているのかをより具体的に明示しておくことが必要である．それを評価「基準」と呼ぶ．評価基準は，評価規準で示したつけたい力の習熟状況の程度を明示するための指標を記号A・B・Cで示したものである．一般には，「十分満足できると判断されるもの」はA，「おおむね満足できると判断されるもの」はB，「努力を要すると判断されるもの」はCとする．Cと判断された児童生徒については，「補充的な指導」のあり方について明記しておくことが必要である．

② 関心・意欲・態度の評価の留意点

　「関心」は興味と同じ意味で用いられ，対象に惹かれ，能動的に反応し，積極的にはたらきかけようとする感情的・意志的精神状態を指し，「意欲」はそうしたいという気持ち，すすんでしようとする目標を伴った意志であり，「態度」

は学習の結果身につけた価値判断や行為が内面化され,「心構え,見方,考え方」となった傾向性を意味する．また，教育評価の文脈においてこれら三つの関連性をみると，ものごとに対する興味・関心が高まり，より良い成果を上げたいという意欲が高まり，さらに高められた意欲が内面化されて，継続的に言動として表出されるようになった時，これを「態度」と呼ぶことができる．

「関心・意欲・態度」の観点を評価する際の一般的規準としては「～に気づく」「～に好奇心をもつ」「～に注目する」「～に好意をもつ」「～を最後までやり通す」「我慢してでも～する」といった表現があげられよう．

関心・意欲・態度という「見えにくい」学力の観点の評価は，他の観点と異なり，その規準や基準の設定にむずかしさをもっており，次のような点に留意する必要がある．

- a 知識・理解や思考・判断，表現などの認識活動と結びついた情意面に注目すべきこと．
- b 児童生徒の成長という視点で，長期的スパンで継続的に観察すること．
- c 外に現れた行動を通して，内面の変化を読み取ること．
- d 個人内評価的視点を大切にすること，ポートフォリオ法，自己評価法．相互評価など多様な評価方法により総合的に評価すること．

参考文献
1) 続　有恒『教育心理学の探究』金子書房，1974
2) 中内敏夫・村越邦男「発達とその評価をめぐる教育理論」『岩波講座　子どもの発達と教育 3』岩波書店，1979
3) 村越邦男『相対評価を越えて』日本標準，1981
4) 天野正輝『教育評価史研究』東信堂，1993

第8章　基礎看護教育における臨地実習の指導と評価

1　臨地実習の意義と目的

(1)　臨地実習は，学校が掲げる教育理念，教育目標に基づいて編成されたカリキュラムの中に，多くの時間をかけて位置づけられている授業である．

　看護教育における臨地実習は，看護師を目指す学生が，学内で習得した知識，技能，態度などを，学外での看護実践の場に生かし，看護の理論と実践を結びつけて理解し，看護の対象を全人的に，生活者としてとらえた看護活動を展開する能力を養うことにある．

　多くの看護師にとって，現在の自分の看護観も，実習で体験したことが大きくかかわっている．実習は学生にとって看護の源泉（スタートライン）ともなる教育の場であると考えるとその意義は大きく，看護教員・実習指導者の役割は大きい．実習指導者には，看護実践力と教育実践力との二つの能力が求められる．緊張の多い臨床看護の現場の中に学生の学習の場を創り出すという任務を負う．

　学生が，患者とのかかわりを通して看護を学んでいくという時，授業としての臨地実習の場が，十分に意味のある学習経験の場となるために，看護教員及び実習指導者はどのようなことに留意して学生とかかわっていくことが必要なのかが課題となる．

(2)　基礎看護教育における臨地実習は，一般に次のような目的・内容をもっている[1]．

　① 学生（実習生）の知識，技術，態度を統合して有効な看護ができるよう

にする．
② かかわりを通して対象を理解することを学ぶ．
③ 個別性をふまえた，患者のニーズに合った援助，技術を向上させる．
④ 看護への興味，関心をもたせ，看護の魅力，看護の価値を見い出す体験をさせる
⑤ 看護学に対する関心と意欲を高める．
⑥ 看護の専門的思考過程としての，また看護ケアの確かな方法としての看護過程（nursing process）を展開する経験をもつ．
⑦ 看護の担い手としての責任を自覚し，保健，医療，福祉チームの一員として行動することの意味を学ぶ．
⑧ 生涯学習（自己指導能力の形成）につながる方法を学ぶ．看護専門職は，生涯にわたり自らの専門職としての資質向上のために学習し続け，自己研鑽し続けることが求められる．臨地実習では，そのために必要な自己指導能力を育むことを目指す．
⑨ 自己を学ぶ――自分と出会い，自分と対話し，自分を知る．看護の実践を通して，自分の能力を正しく評価し，看護者としての課題を明らかにする．

(3) 臨地実習という学習の場は，「臨床の知」を学ぶ場と言われる[2]．看護という体験の意味づけをし，経験を充実させる場である．実習生は患者やその家族とのかかわりにおいてさまざまな体験（直接経験）をする．それを反省的思考（reflective thinking）と探究により知性的な経験（反省的経験）へと変容を試みる．つまり，看護学的に経験の意味付けをする．実習指導者は，学生が体験したことの意味づけを学生自身が考えられるように支援するという役割を担う．

2 臨地実習の指導計画と実践

(1) 実習生の指導に当たって求められること

　実習指導者は，看護教員と連携して，当該実習科目が看護学全体のどの位置にあるかを確認し，実習をどのように展開していくのか見通しをもつ．実習の流れの概略をつかむことである．

　この実習で学生は直接患者と向き合い，さまざまな要素がからみ合う場に身を置いて，見たり感じたり，思考をめぐらしながら学習を進めていく．そして体験したことが看護であったかどうかを看護の理論に照らして吟味し，意味づけをしていく．実習指導者として，どのようなことを大切にして実習生とかかわっていくのが望ましいのかをつねに念頭に置く必要がある．指導計画を立てるに際して，実習指導者と看護教員とはお互いの強み（専門分野）を生かしつつ連携・協力して効果的な実習指導を行うための協議をする．

(2) 指導を設計する

① 学生にどのような看護力を育てたいのかを明らかにし，指導の目標を設定する．

② 実習指導の流れをつかむ

③ 実習生の実態の把握（レディネスの把握）

④ 実習指導案の作成[3]

　実習指導を効果的に進めるためには，展開場面のイメージをふくらませ，実習過程を予測して指導計画を立てねばならない．実習の目的に向けて具体的にどう指導すればよいかという意図的かかわりを可能にするプランを作成することが必要である．実習指導案には，一般に次のような内容が含まれる．

・実習生名

・実習科目・実習段階

- 実習期間・単位
- 実習の考察（教材観，学生観，指導観）
- 指導の目標
- 指導計画（週案，日案）
- 実施計画と評価計画

⑤ 学習意欲の喚起（学習への動機づけ）
⑥ カンファレンスの実施と個別指導
⑦ 評価を指導に生かす（診断的評価，形成的評価，総括的評価の位置づけ）
⑧ 指導案の修正
⑨ 目標達成状況の点検と評価情報を指導者と実習生にフィードバックする
⑩ 実習生の変化（成長）の確認と実習指導者としての自己評価

(3) 実習指導案の意義

　現実の実習は指導案通りにはすすむものでないとわかっていても，実習という授業は，本来意図的計画的なものである以上，指導者にとって指導案作成は不可欠な作業である．

　臨地実習が予定通り進行したかどうかが教師や指導者にとって気になるところであるが，指導案は仮説でしかない．患者の状態を優先し，実習生の思いや自主性を尊重すればするほどそこには指導案とのズレが生ずるのは避けられない．ズレはマイナスに評価されるものではなく，指導を深めていく貴重な契機を含んでいるものととらえることが必要である．

(4) 指導目標の分析・具体化

　目標とは，教育的なはたらきかけに先立って，あらかじめ考えられた教育の所産（成果）である．実習指導は，一定の目的に基づいて目標を立て，それを実現しようとする目的意識的な過程である．目標は指導活動，学習活動を方向づけ教育内容や学習形態も規定する．さらに目標達成状況を評価する際の規準

ともなる．目標の設定に当たっては次のような点に配慮が必要である．

① 教育目標がどのようなものであるか誤解のないように他者に伝えることが出来るものであること．つまり，学習経験に参加するすべての者の間のコミュニケーションの手段となるものであること．

② 学習者の自己学習に方向性を与え，学習意欲を高める役割をもつものであること．

③ 評価の規（基）準になるものであるから，到達できているかどうかを判定する際のあいまいさを減ずることができるものであること．

④ そのために，現実的で測定可能な行動で記述することが必要である．そして望ましい状態がすぐにイメージできるよう簡潔な表現で示す．

⑤ 場合によっては，実習生との話し合いをもって決めることも有効である．

(5) 学習者の実態把握

① 実習生がある科目の臨地実習を受ける際，先ず実習生の実態把握を可能な限り的確に行わねばならない．学習論では，指導に当たって学習者のレディネスの把握が重視されてきた．レディネス (readiness) とは，適時性，準備性，学習の最適期といった意味である．つまり，ある学習が成立するために必要な条件が学習者に備わっている状態を言う．診断的評価による情報をはじめ，さまざまな資料を収集して実態を把握する．

② きわめて一般的には，(a)当該学科の実習を進めるうえで前提となる知識・技能は習得されているか，(b)この学習課題に対してどんな興味，関心をもっているか，(c)関連したことですでにどんなことを経験し，学習しているか，(d)学習者はどんな願いや期待をもって学習しようとしているか，(e)個人間差異への対応をどのようにしたらよいかといったことが吟味の対象になる．

③ 実習生への実態把握が特に重視されるのは次のような理由にもよる．看護師養成機関だけでなく，わが国の高等教育機関への入学生が年々多様化

してきており，初年次教育が必要になってきている．多様化の内容は，学力・基礎学力の低下，学習習慣，生活習慣が身についていない，人間関係づくりが稚拙で，コミュニケーション能力が落ちてきている，目的意識や興味・関心が多様化してきている等の指摘が関係者の間に一般化していることである．多様化する学生に対する指導のあり方に工夫，改善が必要だからである．ルーティン化した方法では十分な指導の成果をあげることができないからである．

(6) カンファレンスの重要性

　実習前のカンファレンスでは，学生と教師・指導者間や，学生間で，実習課題，実習に対する期待や不安を意識化し，共有化することができる．そのプロセスを通して実習へのモチベーションを高める．

　臨地実習では，実習前だけでなくさまざまな場面でカンファレンスが行われる．また，学生主体のカンファレンス，看護教員や実習指導者が意図的に行うカンファレンスもあり，その目的も多様である．カンファレンスで気になる学生が見い出された時には，個人面接を行い，自分なりの課題をもって実習に臨むことの大切さを自覚できるよう支援し，学生が自分の感情や認識を対象化して客観的に自己理解ができるよう支援する．その都度のカンファレンスの目的を確認して，学生の自主性，自発性を尊重し，自由に積極的に発言できるような環境づくりと適切なアドバイスが求められる．カンファレンスも授業の一環であるから評価の対象になる．

(7) 臨機応変の指導力

　学内での講義や演習と異なり，教師と実習指導者が，事前に学習環境や教材を十分に吟味して指導案を作成しても，実際の実習場面では全く異なる場面として現れることは避けられない．

　実習環境や教材（患者の状況など）を個々の学生の実態に合わせて準備するこ

とが極めて困難な場合がしばしば生ずる．実習指導者は，時々刻々と変化する臨地の状況を絶えず観察し，判断し，指導案を修正していかねばならない．臨機応変に対応する能力が求められるのである．

(8) 実習生と実習指導者との信頼関係づくり

看護者と患者との信頼関係が望ましい看護活動が成立する前提条件であるのと同様，実習指導者や看護教員と実習生との望ましい人間関係が，実習生の主体的・能動的学びを引き出す基本的条件である．そのような信頼関係を形成するにはどんな配慮や指導方法が必要なのか．

① コミュニケーション能力を高め，実習生の願いや思いを共有する．

② カウンセリングマインドをもってかかわる──傾聴，受容，共感的理解などの技術や態度を用いて理解を深める．

③ 緊張感の張り詰めた実習現場では，実習指導者の笑顔や思いやりのある励ましの声かけが実習生の不安や緊張をやわらげ，信頼関係を高めて指導を受け入れ易くする．

④ 実習指導者が，当今の学生の一般的傾向を知ることに一定のメリットはあるのだが，先入観で眼前の実習生をとらえてしまう危険性もある．観察眼をみがいて，一人ひとりかけがえのない実習生としてかかわり，可能性やよさを認めて励ますことが最も重要である．実習生は自分の存在が受容され，認められているという感覚が自信と意欲を高め，自主的で主体的な学習を展開することができる．

⑤ 効果的な自己開示[4]──自己開示とは教師が自分の思考，感情や価値観，行動，生育歴などの私的世界を学生に語ること．その教育的意味は，

　a　学生が教師（指導者）の自己開示から自分の生き方や問題への取り組み方のヒントを得る．

　b　自己開示的な教師を見習って学生も自己開示的になる．仲間同士の心の触れ合いが促進される．教師と学生，学生相互の望ましい人間関係形

成につながる．
　　c　教師（指導者）への親近感を増す．学習が楽しくなる．

(9) 教育的かかわりの探究
① 学生の看護実践力
　臨地実習で学生は患者やその家族と出合い，さまざまな状態を見たり，気づいたり，なぜだろうと考えたりしながら学習をすすめる．そして体験したことを振り返り，熟慮し，看護学的に意味付けして看護者としてのあり方をとらえ直す．「看護するとはこのようなことなのか」という実感を伴った学びを経験していく．つまり，体験したことが経験（反省的経験）となり，自分の内面世界に組み込まれていく．この繰り返しと蓄積によって自分の判断や言動の内的依りどころが少しずつ形成されていき，看護者として成長していくのである．

② 実習指導者の教育実践力
　教師・実習指導者は，指導活動中の意識・思考・感情など，自分の直接経験を振り返り，自分の言葉で記述し，同僚と語り，再構成してその意味づけをする（反省的経験）．その繰り返しによってその後の自分の，より確かな教育実践を導いていく可能性が開かれる．

③ かかわり方の基本
　実習指導者は，学生（実習生）に，直接経験（体験）を与えられる学習環境を設定し，反省的経験の過程が促進されるような学習の場をデザインし，学生による看護への知的，実践的探究が深められるよう支援するのである．

3　臨地実習の評価

　臨地実習は看護教育の目的を達成するための授業であるから，目的・目標の達成状況を絶えず点検・評価することが必要であり，その評価情報を指導者，学生（実習生）にフィードバックして実習を効果的に展開することが求められる．何のために，何を，どこで，どのように評価したらよいか，評価計画を明らか

にしておくことが必要である（第7章参照）．
　実習評価の手順（評価計画）はおよそ次のようにとらえることができる．

(1) 評価目的の確認

　評価に取り組むにあたって，それが何のための評価であるのかを確認する．評価の目的は，一般に，教授（指導）のための評価，学習のための評価，管理のための評価，研究のための評価等多様であるが，何を目的にした評価であるかを検討し確認する．具体的には，実習修了の認定のためか，学習へのフィードバック情報を得るためか，指導計画や指導方法の改善のためかを確認することが必要である．

(2) 評価目標の分析・具体化

　評価の目的を確認したら，次に評価の目標を設定しなければならない．評価目標は実習科目の教育目標に基づいて導き出される．具体化された教育目標は，指導を通して実現を目指すべき具体的な学習成果や学生の成長の姿を明らかにしたものであり，同時にそれが，どの程度実現されたかを確かめる際の評価規（基）準ともなる．

(3) 評価の機能（どのような評価を，いつ，どこでするか）[5]

① 診断的評価——臨地実習の導入時において，実習の前提となる既習の学習内容の理解度や，技術の習得，実習を進めるに当たって背景となる経験，興味，関心などの把握のために行われる．評価情報を利用して，必要な補充指導を行ったり，効果的な指導計画を立てたり，学習形態のあり方を吟味したりする．

② 形成的評価——臨地実習の展開過程において，それまでの指導，学習によってどの程度目標を達成しつつあるか，学習上のつまずきや誤りがあるかどうか点検し，情報を指導活動にフィードバックして指導計画と指導方

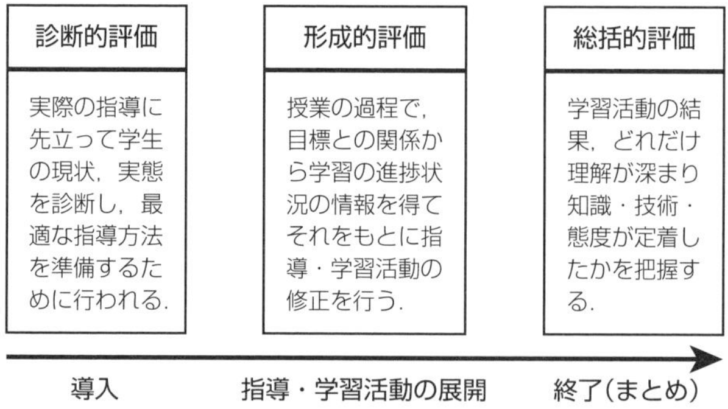

診断的評価	形成的評価	総括的評価
実際の指導に先立って学生の現状、実態を診断し、最適な指導方法を準備するために行われる.	授業の過程で、目標との関係から学習の進捗状況の情報を得てそれをもとに指導・学習活動の修正を行う.	学習活動の結果、どれだけ理解が深まり知識・技術・態度が定着したかを把握する.

導入　　　指導・学習活動の展開　　　終了（まとめ）

図 8-1

法を改善し，学生にフィードバックして学習を動機づけたり，つまずき回復の学習に当てたりする．

③　総括的評価——臨地実習の終了時において，目的・目標の達成状況を総合的に把握する．教育計画や指導法の効果を確認し，今後の改善に役立てる．学習目標の習得状況を知識・理解，思考力・判断力・応用力，技能・表現，態度などの観点別に学習成果を点検し，教育的決定に利用する．

(4) **評価方法となる用具（評価資料の収集）**

観察，面接，調査・検査，実習記録，カンファレンスの内容，レポート，自己評価表，ポートフォリオなど．

(5) **基準のとり方**
　①　目標準拠評価（具体的に設定された目標——到達目標を基準とする）
　②　集団準拠評価（一定の集団内における相対的位置関係で評価する）
　③　個人内評価……横断的個人内評価と縦断的個人内評価

(6) **評価表・ルーブリック（rubric）をつくる**
　①　（評価の観点によって示された）学生につけたい力を，具体的に学生の成長

の姿として文章表記したものが「規準」である．
② 各評価規準で示したつけたい力をどの程度まで習熟できているかを，より具体的に明示していくことが必要．それを「評価基準」と言う．達成目標の実現状況を判断する指標である．
③ 評価表を利用する意義
　　a　教員，学生，実習指導者の間で目標を共有した実習が展開できる．
　　b　目標の達成状況（達成度）が客観的に評価できる（主観による評価の歪みを防ぐことができる）
　　c　指導や学習のための具体的な手がかりが得られる．

(7) 自己評価の導入

　実習生が自分の学習（実習）活動を自分で評価する．評価の規準は実習目標（学習目標）である．自己評価の導入は自己との対話をすすめ，自己理解を深め，自分が学習をコントロールする主体であることを自覚させる．また学習の目標を自覚することで学習意欲を高め，主体的な学びの力を養うことができる．

4　実習評価の課題

(1) 実習評価の考え方

　2010年の厚生労働省ガイドラインでは次のように述べられている．
　「実習における評価は，知識や技能の到達度を的確に評価することはもとより大事であるが，それにとどまることなく，自ら学ぶ意欲や思考力，判断力，表現力などの能力も含めた学習の到達度を評価していくことが重要である．」
　この評価の考え方の背後にある基礎看護教育の学習観は，次のようにとらえられる．学習の始まりは知識・理解からではない．対象の安全・安楽，健康への興味・関心，意欲，態度が，意志ある学びの入口となり，それに支えられて探究的に課題に取り組む力が思考・判断，表現力である．思考・判断をもとに看護実践を行う技能・表現となり，それらのプロセスのなかで知識・理解が形

成されていく.

(2) 「目標にとらわれない評価 (gaol ― free evaluation)」の意義[6]

　臨地実習の目的・目標がどの程度達成されているかは，教育目標を規（基）準にして評価するのが一般的である．つまり，「目標に基づいた評価 (goal-based evaluation)」である．しかし，現実には，設定された目標以外のものが学習され，しかも，そうしたものの中に教育的に重要なものが含まれていることがある．また，あらかじめ設定された目標が「達成されたかどうか」という視点のみで評価していくと，設定した目標以外のものや，情意領域のように評価しにくい側面は置き去りにされやすい．そこで「目標にとらわれない評価」の必要性が指摘されてきた．目標にとらわれない評価とは，臨地実習の目的・目標を超えて，具体的な事実を通して見えてくるものを，ありのまま認め，その効果を明らかにする評価である．そのためには，臨地実習に関係する人々が，主体的に評価に参加し，有益な情報を提供することが必要となる．臨地実習という具体的な活動に即して，さまざまな観点から，多面的に評価することになる．二つの評価方法は，しかし，相対立するものととらえずに，相補関係で位置づけていくことが必要であろう．

(3) 実習評価の困難さ

① 実習という授業で学生が獲得しようとするのは総合的な能力であり，それゆえ評価には困難さが伴う．たとえば実習評価は評価表，観察やレポート，実習記録，自己評価表，ポートフォリオ評価などを評価の資料とするが，これをどこで，どう位置づけたら効果的な評価となるかという検討が必要である．

② 臨地での指導は固定したものではなく，患者の状態の変化や実習生の成長過程（学びと育ちの変化）などによって指導計画を変更しなくてはならない場合が多い．そのため，つねに目標と現状を照合させて，新たなすすめ

方を決定する必要に迫られる．
③ 指導する側の願い，ねらい，目標は，意図したとおりに学び取られるとは限らないという認識が必要である．願いや目標との間のズレを確認し，その要因を分析することが必要であろう．その分析が次の指導をより確かなものにする契機となる．
④ 実習指導者の評価的な言葉や態度は学生の情緒面に強い影響を与える．学生の性格，特性や状況を把握したうえで，自信や意欲，自己肯定感を低下させない配慮やフォローが必要である．評価情報のフィードバックの方法や時期を配慮することが重要になる．

(4) リフレクション（reflection）の能力を高め，かかわりの場面場面で機能させる．

　教師（実習指導者）が，自分の授業実施中（実習指導中）の思考や意識，感情などを自分の言葉で記述し，同僚と語り，議論し，再構成して経験の意味づけをする．

　実践中の自分の姿を振り返るためには，自分を映し出す鏡が必要である．学習者の反応や記録，調査結果（目標の達成度），実習記録，観察者の批評，実習生からの評価などを用いる．鏡に映った自分の姿を振り返り，メタ認知的に自らの指導方法を検討し，学習者（実習生，学生）の学びを支える指導者としてのはたらきかけの意味を明らかにする．「反省的実践家」としての成長の姿である．実習指導を振り返ることは，自らの看護実践力を振り返ることにつながり，看護の専門職性を高めることにもつながる．

5　看護過程を学ぶ

　基礎看護学での臨地実習の目的の一つに「看護過程を展開する経験をもつ」がある．看護過程を学ぶ意義と課題を次に要約する．

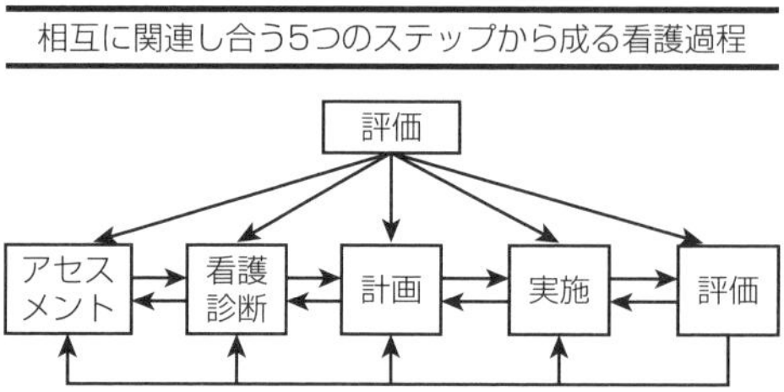

```
┌─────────────────────────────────────────┐
│   相互に関連し合う5つのステップから成る看護過程   │
├─────────────────────────────────────────┤
│                  ┌──┐                    │
│                  │評価│                   │
│                  └──┘                    │
│          ┌───┬───┼───┬───┐              │
│   ┌───┐ ┌───┐ ┌──┐ ┌──┐ ┌──┐            │
│   │アセス│→│看護│→│計画│→│実施│→│評価│       │
│   │メント│ │診断│ └──┘ └──┘ └──┘         │
│   └───┘ └───┘                            │
└─────────────────────────────────────────┘
```

図 8-2

(1) **看護過程の意義**

① 看護師は看護過程 (nursing process) という方法を用いて看護を提供する．看護過程は看護専門職の根幹をなす看護ケアの確かな方法である．

② 看護過程は「アセスメント―看護診断―計画―実施―評価」という五つの相互に関連し合うステップ（段階）で構成される．このサイクルにより，看護者はケアの受け手のニーズ及び問題を的確に把握し，看護計画を立て，効率的かつ効果的に看護を提供し，その成果を評価することができる．

③ 看護過程は問題解決の過程であり，科学的思考過程（論理的に物事を判断していく過程）であり，クリティカルシンキング (critical thinking)（批判的思考）により支えられている．

④ 「評価」によって看護の質を査定し，対象者にとって最も適切な看護を提供することが可能となる．評価は看護過程の絶えざる改善を求める．

⑤ 看護過程は患者との人間関係（信頼関係）を基盤として展開される．

(2) **なぜ看護過程を学ぶのか**

① 看護師としての自分の行為をたえず振り返り，より良い看護を提供するにはどうしたらよいかを考えさせる．

② 看護の目的を達成するために科学的・合理的に思考することができ，クリティカルに思考することができるようになる．

③ 看護者は看護過程によって時間とエネルギーを節約し，重複，見落としを避け，ケアの継続を図ることができる．
④ 評価を生かした看護実践は看護師の能力向上につながる．
⑤ 看護専門職の意識を高め，専門職としての成長が促進される．

(3) **クリティカルシンキングの機能**[7]
① クリティカルシンキングとは──「情報から推論を推し進め，証拠となるデータを集めながら，論理的に物事を判断し行動を決定していくプロセスであり，その能力（スキルと態度）である」．それは証拠に基づいて判断を下す思考である．
② クリティカルシンキングは，目標志向型の成果中心の注意深い思考方法であり，それを用いた看護過程は「直線的な看護過程」に陥ることなく「ダイナミックな看護過程」となる．最初から「こうだ」と決めつけるのではなく，本当にこれでよいのか，間違っていないか，他に考えられないかなど，いろいろな可能性を考え，証拠を集めて再思考していく過程となる．

(4) **「評価」に直接かかわる段階**
[目標（成果）達成度としての評価]
① 評価を行うためには，評価のための情報収集が必要．診断された時の状態から対象者はどのように変化しているかのアセスメントを行い，看護の提供によって，ケアプランに記された期待される成果（目標）がどの程度達成されているかを評価する．
② 成果の達成度を判断するには次のようなチェックをする．
　a　目標は完全に達成されたか（全面達成）
　b　目標は部分的に達成されたか（部分達成）
　c　目標は全く達成されなかったか（未達成）
③ 目標の達成度に影響を与えた要因を洗い出し部分達成，未達成の場合，

達成できなかった要因が看護過程のどの段階にあったのかを振り返る．達成度に影響した促進要因と阻害要因を明らかにする．それによって再アセスメントと計画の修正が容易となる．

④　ケアプランの継続，修正，終了の判断

　　a　継続──成果は達成されていないが，何が促進要因で，何が阻害要因なのか明確に特定できず，さらに時間を必要とする場合

　　b　修正──成果が達成されていない場合，新たな問題あるいは危険因子を特定した場合，あるいはケアをより効果的に提供する方法を特定できた場合

　　c　終了──目標が達成されている場合，新たな問題もなく危険因子もない場合

[**看護過程の各段階における評価**]

目標達成度の判定に従って看護過程の各段階をチェックしていく．ここではアセスメントの段階のみを例にとってみる．

アセスメント

　　a　情報は正しかったか，見落としはなかったか

　　b　情報のもつ意味の解釈・判断・分析・推測などは妥当だったか

　　c　統合は全体的に見たものであったのか，足りない視点はなかったか

参考文献
1) 藤岡完治・堀喜久子・小野敏子編『わかる授業をつくる看護教育技法』医学書院，1999
2) 藤岡完治・村島さと子・安酸史子『学生とともに創る臨床実習指導ワークブック』医学書院，1996
3) 足立はるゑ・堀井直子『臨地実習指導サポートブック』メディカ出版，2011
4) 河村茂雄「あなたは自己開示できる教師か」『児童心理』金子書房，1995
5) 天野正輝『評価を生かした授業改善とカリキュラム開発』晃洋書房，2006
6) 松木光子監修『看護学臨地実習ハンドブック』金芳堂，1996
7) R. アルファロ・ルフィーヴァ，江本愛子監訳『基本から学ぶ看護過程と看護診断』（5版），医学書院，2004

索　引

〔あ　行〕

アイデンティティ　9, 22
新しい学力観　57
アリストテレス　12, 28
いじめ　92
エリクソン　9, 93

〔か　行〕

カウンセリングマインド　95
外発的動機づけ　77
勝田守一　53
格差社会　26
学習意欲　76
学習指導案　74
学力　55
学力と人格の統一　60
学力の二極化（格差）　21
観察法　97
感性　27
カント　1
基準　108
規準　108
基礎学力　55
教育基本法　64
教育相談　89
教育的瞬間　40, 75
教育評価　105
教育を受ける権利　2, 51
共感的理解　98
教材　70
教授・学習過程　67
教授・学習錯覚　75
訓育　68
形成的評価　82, 113
研修　46
コーピングスキル　93
心の居場所　94
個性　58
五段階相対評価　111
子どもの遊び　18
子どもの貧困　27
個別指導　88

コミュニケーション　31

〔さ　行〕

斎藤喜博　2, 39
産育行事　7
支援　71
自己一致　99
自己運動　10
自己概念　32, 102
自己教育　62
自己決定　87
自己肯定感　32
自己実現　40, 85
自己指導能力　40, 86
自己受容　86
自己評価　114, 133
自己理解　101
自主性　87
実習指導案　119
指導と評価の一体化　109
指導要録　119
自尊感情　32
集団指導　88
集団準拠評価　111
授業　67
授業の原動力　73
主体性　87
消費社会　25
診断的評価　112, 131
人格　57
生徒指導　85
生徒理解　95, 97, 100
生理的早産　1, 13
総括的評価　113, 132

〔た　行〕

体験的活動　28
対自性　14
通知表　118
つまずき　83
デューイ　61
動機づけ　77
到達度評価　32

陶冶　68

〔な　行〕

内発的動機づけ　77
人間観　12
人間的能力　53
認識の能力　54

〔は　行〕

バーンアウト　44
ハヴィガースト　9
発達　7、8
発達課題　9
発達可能態　2, 13
発達段階　9
発達の原動力　9
パフォーマンス評価　117
パスカル　12
反省的実践家　47
ピアジェ　9
評価の目的　107, 131
評価表　133
フィードバック　49, 109

不登校　91
ヘルバルト　68
ペスタロッチ　67
ポートフォリオ評価　116
ホモ・ファーベル　15
ポルトマン　1, 13

〔ま　行〕

目的と目標　52
目標準拠評価　82
目標にとらわれない評価　135
モラトリアム　22
問題解決的学び　30
問題行動　91

〔ら　行〕

リフレクション　47, 135
臨地実習　123
ルーブリック　117, 132
ルソー　3, 61, 63
レディネス　127
ロジャース　3, 61, 63

《著者紹介》
天野正輝（あまの　まさてる）
　1938年　長野県生まれ
　1969年　京都大学大学院教育学研究科博士後期課程中退
　　　　　滋賀大学、東北大学を経て京都大学大学院教育学研究科教授
　　　　　龍谷大学教授
　現　在　京都大学名誉教授

主要著書
『教育方法』（編著、協同出版）
『教育課程編成の理論と実践』（樹村房）
『教育方法の探究』（晃洋書房）
『教育評価史研究』（東信堂）
『総合的学習のカリキュラム創造』（編著、ミネルヴァ書房）
『教育評価論の歴史と現代的課題』（編著、晃洋書房）
『カリキュラムと教育評価の探究』（文化書房博文社）
『評価を生かしたカリキュラム開発と授業改善』（晃洋書房）
『教育の原点を求めて』（文化書房博文社）

　　　　　　　　　　　　　　　　　　　　　　　　　　ほか多数

教育的かかわりの探究

2018年4月30日　初版第1刷発行	＊定価はカバーに
2024年4月15日　初版第2刷発行	表示してあります

　　著　者　　天　野　正　輝　ⓒ
　　発行者　　萩　原　淳　平
　　印刷者　　西　井　幾　雄

　　発行所　株式会社　晃洋書房
　　〒615-0026　京都市右京区西院北矢掛町7番地
　　　　電話　075(312)0788番(代)
　　　　振替口座　01040-6-32280

装丁　㈱クオリアデザイン事務所　印刷・製本　㈱NPCコーポレーション
ISBN 978-4-7710-3053-4

JCOPY　〈㈳出版者著作権管理機構　委託出版物〉
本書の無断複写は著作権法上での例外を除き禁じられています．
複写される場合は、そのつど事前に、㈳出版者著作権管理機構
（電話 03-3513-6969, FAX 03-3513-6979, e-mail: info@jcopy.or.jp)
の許諾を得てください．